体育营销

全程操盘及案例解析

SPORTS MARKETING

陈　伟◎编著

民主与建设出版社

·北京·

图书在版编目(CIP) 数据

体育营销全程操盘及案例解析/陈伟编著. —北京：民主与建设出版社，2019.1
ISBN 978-7-5139-2009-4

Ⅰ. ①体… Ⅱ. ①陈… Ⅲ. ①体育产业-市场营销-案例 Ⅳ. ① G80-052

中国版本图书馆 CIP 数据核字（2018）第 301837 号

体育营销全程操盘及案例解析
TIYU YINGXIAO QUANCHENG CAOPANJI ANLI JIEXI

出 版 人 李声笑
编　　著 陈　伟
责任编辑 周佩芳
封面设计 闰江文化
出版发行 民主与建设出版社有限责任公司
电　　话 （010）59417747 59419778
社　　址 北京市海淀区西三环中路10号望海楼E座7层
邮　　编 100142
印　　刷 天津中印联印务有限公司
版　　次 2019 年6月第1版
印　　次 2019 年6月第1次印刷
开　　本 710 毫米×1000 毫米 1/16
印　　张 12.5
字　　数 200千字
书　　号 ISBN 978-7-5139-2009-4
定　　价 58.00元

注：如有印、装质量问题，请与出版社联系。

前 言

体育营销演变之路："互联网 +"是大势所趋！

一、体育营销的 1.0 时代

在互联网还没有成为时代最强音的时候，体育营销在中国只有一种固定模式：CCTV-5 是中国最大的全球体育赛事免费广播平台。大量的电视观众、广告商花钱，出高价购买广告时间。激烈的广告竞争是当时广告商的主要游戏玩法。简单粗暴是这一时期体育营销的鲜明特征。有人称之为体育营销的 1.0 时代。

二、体育营销的 2.0 时代

2002 年以后，体育营销战略发生了巨大变化。姚明登陆 NBA、俱乐部冠军、体育明星代言等行为成为体育营销发展的主要动力。体育明星代言和俱乐部冠军带来的品牌效应影响了体育爱好者的心情和消费方向。此外，公众对这种方法引起的品牌认知远不只纯商业。在收获情感和金钱的同时，品牌还可以通过支持本地体育为商业运营创造更好的商业环境。

腾讯体育依托完整的沟通渠道、社会生态链和各种营销手段，在2017年，基本实现了NBA版权的收支平衡。资料显示，与NBA合作的第一个赛季还没有结束，覆盖整个网络的用户数量就翻了一番。

随着NBA带来的“光环效应”，许多品牌也试图将腾讯体育用于体育营销。比如，刚接过世界杯的官方赞助商vivo，与腾讯体育展开合作，推出了互动道具、超级明星时刻等活动，使品牌形象深入人心，借助NBA头脑IP和腾讯体育的超级媒体资源，实现了品牌形象和销售转型的双重升级。

另一家与腾讯体育合作的公司是租车平台——嗨也。嗨也通过历史上创造的第一个“一嗨破百时刻”（球迷可以根据两队的得分参加幸运抽奖并赢得美国职业篮球运动员史蒂芬·库里的战靴），创造了全新的实时互动游戏，极大地增强了影响力，有效地增强了用户黏性。同时，随着背景大屏幕在现场直播中的充分曝光，再加上主持人广播和电脑背贴专业演示，大大增强了品牌与史蒂芬·库里的联合影响力。

三、体育营销的3.0时代

近年来，中国的资本巨头不遗余力地购买体育赛事的版权。其目的不仅限于简单的宣传，还想利用国际体育赛事的知识产权和创新的游戏玩法来振兴中国体育营销市场，占据最佳的商业战略地位。这是体育营销的3.0时代。

1. 搭建电商平台的体育产业服务商

强者恒强，是后流量时代的一个重要特征。面对流量困境，品牌产品必须选择最适合自己的营销渠道和方法。从大品牌的角度来看，抢占IP和平台资源就是分流量红利的最佳选择。可是，没有流量资源的中小企业的出路在哪里？优迈体育提供了一种全新的思维方式。

优迈体育是一个票务服务电子商务平台，主要业务是从电子商务SaaS（Software-as-a-Service，软件即服务）服务切入，逐步改善体育大数据服务的布局，帮助组织者实现“互联网+转型和大数据+行业”的升级。目前主要提供的服务有：活动概述、活动管理、票务管理、定制通知、票证验证、统计分析、在线选择、会员管理和网络营销。产品技术专注于服务管理事件，并形成了一个以售票SaaS系统订阅销售、票务和外围销售以及“互联网+产品定制”三个方面为中心的商业模式。

2. 专注服务体育产业的网络营销人

据CNNIC（China Internet Network Information Center，中国互联网信息中心）统计，截至2016年12月，利用互联网开展营销和推

广活动的企业占比为38.7%。其中体育公司利用互联网来促进营销，更多的是基本的企业网站建设、群发QQ或邮件，以及在线广告、购买搜索引擎关键词、SEO、软文营销、品牌营销、移动营销等。至于对互联网及互联网应用程序的深度利用，目前来说，几乎是一项市场空白。

优迈体育创始人孙吉利设立优迈体育，主要是为了进入互联网体育营销市场。在成立之初，业内许多人都认为孙吉利是骗子，公司发展会受阻。因此，优迈直到2016年还没有正式开业。当孙吉利意识到“互联网+”有利于体育企业的发展及体育产业的开展，且是体育产业的一部分时，才提高了信心。但既然是一项业务，只有感情和原始意图还远远不够。目前大型互联网公司没有看到优迈体育所做的事情，相关的体育行业的企业对其还不了解，市场还不大，所以该领域没有竞争对手。

优迈基于营销理念和互联网思维，利于基于营销网站（地板页面），以搜索营销和精准推广为媒介，以数据分析和数据管理（使用第三方DMP）为核心，努力提升体育公司的营销收入，这也是优迈体育的核心优势。

优迈体育的商业模式是一个三维模型，包括客户价值、企业资源和能力以及盈利能力。这里，免费服务（媒体、诊断）+增值服务（程序、执行、顾问）是拳击的组合，在现有的盈利模式还比较简单的情况下，只有通过增值服务才能实现。如今，优迈体育只涵盖了运营成本，其利润基本为零。而如何将互联网营销与体育公司联系起来以爆发核能，是一个一直困扰着各方的问题。然而，在互联网时代，无论是腾讯的体育版权营销，还是体育互联网的普及以及优迈体育的未来，都已经表明：体育营销的3.0时代已经到来，虽然版权所有者不一定能得天下，但得互联网者必得天下。

目 录

上篇 关于体育营销

中篇　各行业玩转体育营销

下篇　体育营销的未来展望

上篇

关于体育营销

第一章　庐山面目尽揭开

真相一：什么叫体育营销

1. 体育营销的含义

所谓体育营销（Sports Marketing），是以体育活动为载体，推广自己的产品和品牌，是市场营销的重要手段之一。这里共包含两个层面的意思：首先，体育本身是一种产品营销，从一支球队和运动员，到一场赛事、一次运动会，都可以看作是营销学意义上的产品，即体育产业营销；其次，体育营销是运用营销学的原理，以体育赛事为载体进行的一种非体育产品的推广和传播活动，比如，足球世界杯中赞助商的参与，以及产品、品牌的展示等。通常所说的体育营销指的就是这一层面。

通过上面的分析，可以看到体育营销包含以下三重含义：

（1）体育营销的组成元素是“体育三角形”，所有的营销都建立在赞助方、体育项目和观众三者的基础上，缺少任何一方，都不是成功的体育营销。

（2）体育营销是围绕赞助来展开的，赞助能将运动项目与企业品牌形象有机结合起来。转移机制的起点是赞助，能够形成认知，产生兴趣和依恋，增强渴望，直到顾客购买，转移过程结束。运动项目内涵附着在品牌上，而转移效果的强弱取决于调节变量，即运动项目与赞助企业的相似性、赞助级别、运动项目的频率、产品的复杂程度等。

（3）品牌之所以要进行体育营销，主要是为了争取和维系顾客。赞助是开展体育营销的首要因素，却不是唯一因素。一旦运动项目或企业建立起了联系，不仅需要从营销传播技术的角度去营造品牌，还要从企业发展的角度去对品牌进行管理，更要从全新的品牌角度来营造和管理品牌价值。品牌的营造和管理是一项战略性管理项目，能否创造品牌价值并使其保值、增值，是企业成功胜出的关键。

2. 体育营销的对象

体育赞助的沟通对象异常广泛、针对性强，如果是重大比赛，观众可能都会多达成千上万，媒体受众更是不计其数。即使是一些地方性赛事，只要认真组织，也能吸引观众的注意力。如此，企业与目标客户的沟通效果就能大增，达到事半功倍的效果。

体育营销的最大特点是公益性。体育是人类共同的事业，对体育进行赞助，进行体育营销，其影响力远超普通广告。企业将自己的资源进行重新整合，将体育文化融入到产品中，实现体育文化、品牌文化与企业文化的融合，就能引起消费者与企业的共鸣，让消费者对企业及品牌有所偏好，继而提高企业竞争力。

从这个角度来说，体育营销就是一种文化。真正执行体育营销的企业销售的不是产品，而是一种文化，一种与消费者针对体育产生的共鸣。体育是有活力的、健康的、有竞争意识的，体育营销对品牌有着良好的促进作用，企业要想发展，就要与这种理念成功对接。

要想获得预期的体育营销效果，就要设定系统的规划，正确认识体育营销。但是，体育营销强调关联性，如果不针对某个细分产品进行营销活动，体育营销的效果就会微乎其微。

真相二：体育营销的特点有哪些

体育营销的特点主要体现在以下几方面。

1. 体育背后的商机随着体育的广泛传播受到重视

如今，体育已经成为人类的主要活动之一，具有欣赏、竞争和游戏等特点，是人们最喜爱的一项活动。因此，体育营销能够对企业发展或品牌价值产生巨大而深远的影响。如今，很多公司已经深刻认识到体育营销对品牌建设的重要性，同时更认识到了体育赛事背后的无限商机。

2. 体育营销的参与度和公信力都非常高

体育是人类的共同事业，赞助体育或其他形式的体育营销，远优于其他类型的广告。原因就在于：其他类型的广告无法实现观众的关注度、品牌渗透率和影响力，而体育营销很容易接受沟通效果，对观众的拒绝相对较弱，商业性和功利性并不明显。同时，还会激发出个人的情感依恋和光环效应。

3. 体育营销的沟通面广、针对性强

重大的体育赛事所获得的观众数量是其他体育营销活动所不能比拟的，其中直播赛事尤甚。体育本身就是一种世界性语言，不仅打破了信仰、文化、语言和种族等障碍，还将社会、商业和消费者紧密联系起来。企业与目标受众的直接沟通，快速提升了品牌价值，能够有效地推动国际品牌推广和品牌国际化。

真相三：体育营销的优势体现在哪些方面

将消费者与体育联系在一起，能够提高消费者对品牌的忠诚度，体育营销也会以其特有的公益性、互动性和成本优势受到消费者和商家的喜欢。

体育营销具备以下独特的优势：

第一，体育能够激发出观众的情感依恋，体育营销能将企业及产品与比赛的兴奋、动力及感情紧密联系在一起。

第二，体育包含着生活的所有要素，可以跨越文化、信仰、种族等障碍。体育文化的沟通是公正的、平等的、无边界的，借助体育营销，能够让众多商家成就自己的品牌梦。

第三，体育赛事兼具媒体功能，其群体普及程度、规格等级、吸引力各不相同，传播广度和商业投资价值也就千差万别，企业必须努力从中发现价值，获得回报。

第四，体育营销实现了广告型营销向事业型营销的转变，能够帮助企业树立道德和社会责任的公益形象。

体育营销是21世纪最有效的市场推广工具之一，是企业经营的一项重要战略。其优势简而言之就是：以赞助的形式支持体育活动，将产品（或企业）与体育项目有机结合起来，把体育项目的内涵融入企业品牌，形成特有的企业识别、形象解码转移、品牌内化演绎的价值增值系统。

真相四：体育营销的价值主要体现在哪里

“乐人之乐，人亦乐其乐”，体育营销的魅力就在于此。整合重构各方资源，形成一个庞大而高效的运作系统，为参与者提供一套满足需求的系统化解决方案。

以目前发展火热的马拉松为例。要想在一座城市举办一场独具影响力的马拉松赛事，需要调动该城市的各方面配套资源。马拉松的主要参与者有政府、赞助商、赛事运营方、观赛人群、媒体，他们都是以非竞争的个体形式存在，没有冲突，配合默契，还是“分享”关系链上的重要一员，能够在保障权益、不增加成本的情况下实现互利共赢，最大化地利用资源。

“分享”是通过交互和协作来实现产品和服务的最大化利用，为市场需求者提供更优质的资源和最大的价值回报，由此“分享”也就成了体育营销所倡导的重要价值。具体来说，体育营销的价值主要体现在以下几点。

1. 政府背书，企业点赞，分享公信力

拥有了政府背书，企业在赞助马拉松进行品牌推广时，也就有了强大的官方支持和公信力，更容易得到消费者的信任，尤其是当

企业品牌通过赞助马拉松进军某个城市或区域市场时，当地政府的重视和背书更是企业的有力保障。一旦赞助企业为某个城市的马拉松比赛“点赞”，也就代表了当地马拉松比赛的传播力和政府影响力，能够为城市带来诸多经济效益，政府也会感到欣慰。同时，地方政府是城市马拉松赛事的发起者和领导者，能有效地调配整个赛事的资源，如此在筹备赛事时，运营方也就有了明确的方向和保障，推广赛事时更能够吸引选手的关注和参与。

2. 企业赞助，参赛者受益，分享资源价值

马拉松赛事是一项商业性活动，投入足够的资金，就能保证赛事更好地运营。同样，赞助企业数量的增多或额度的提高，都会让政府和运营方得到最直接的收益，并将收益投入到赛事筹备和城市建设中。此外，在品牌宣传过程中企业还会为参赛者、观赛者提供优质的商品和贴心的服务。比如，在比赛过程中，当选手结束比赛时，工作人员可能会递给选手一杯解渴的饮品或一条干爽的毛巾，这都能让选手感受到企业和运营方带来的温暖，进而让选手对品牌产生深刻的记忆和感情。同时，企业的体育营销还可以为媒体制造出层出不穷的话题和内容，吸引媒体不断地关注赛事。

3. 媒体推广，品牌借势，分享传播辐射

对于媒体来说，无论是纸媒、电视媒体，还是互联网，通过信

息发布、现场直播及赛事报道等方式，都能直接辐射参赛人员和观赛人群，丰富周边人群的互动内容，同时直接或间接地为城市形象、企业品牌、赛事运营进行宣传和曝光。同样，很多企业还会利用马拉松赛事营销造势形成社会热点，在人们关注马拉松比赛的时候，企业的创意营销也会被媒体关注到，继而提高企业被报道的概率。此外，企业在推广品牌的同时，还会为赛事品牌和城市品牌进行宣传，而权威媒体的报道更能为企业和赛事提供强有力的保证和支持。

4. 人群聚焦，精准营销，积极社交互动

在选手群体中，每个人都是自媒体，很多人都会利用微博、微信等渠道分享体育赛事信息，数量庞大，借助背后潜在的朋友圈的辐射作用，企业就能省时、省力、省钱地实现品牌曝光的最大化。参与人群的年龄、收入、受教育程度的集中性，让企业可以精准定位目标人群，实现对品牌的精准传播。

如今各类体育赛事如火如荼，而沈马、长马、杭马、广马等优质赛事的报名还需要抽签。借助一场马拉松赛事，数万甚至数十万的人会瞬间涌入城市，选手会通过社交软件表达对城市的体验和感受，让政府和城市的形象得到最直接、最真实、最快速的传播。他们对赛事的评论和点赞会直接提高运营方赛事品牌及服务美誉度，进而实现选手对品牌赛事的重复消费。

5. 众人分享，只有赢家，没有输者

体育营销的资源取之不尽，好的创意、好的营销产品会让各方参与者在不增加成本的前提下达到甚至超越预期效果，同时在“分享”中互惠互利，实现资源利用的最大化。政府背书给赞助商品牌提供了公信力；赞助商的投入保障了赛事的品质提升；优质安全的赛事则会吸引选手的参与，并为媒体传播提供话题；选手的主动传播、媒体的宣传推广会让赛事影响力不断扩大，进而提升企业品牌知名度和美誉度。体育赛事的主要参与者会通过“分享”形成一条交错而牢固的关系链，并不断进行良性循环，像滚雪球一样逐渐壮大，让整个产业健康地行驶在快车道上。在这条关系链上只有赢家，没有输家。

6. 运营成熟，特色凸显，分享高品质赛事

体育赛事是一个持续发生的动态项目，可以进行赛事和媒体的实时互动。同时，特色突出、知名度高、服务优质及具有安全保障的体育赛事，更会实现人群的引流，并让选手从另一个角度感受到城市的风土人情，在运动现场感到愉悦和满足。

真相五：体育营销背后的商机无限

目前，品牌竞争愈发激烈，各大企业都在寻求新的增长点，营

销上也在力求突破。但传统的广告效应，无论是电视广告还是户外广告，都比较古板和枯燥。相比之下，人们对体育赛事的关注度却在增加，运动健将积极向上、勇于拼搏的形象更加符合社会的发展趋势，与他们合作，有助于聚集品牌人气和提高品牌知名度。

1. 体育营销的发展和进化

和任何一种事物的发展过程一样，从最初在赛事间隙插播电视广告，到如今无以计数的体育自制节目、核心赛事的 IP 赞助以及明星的 IP 跨界合作，体育营销的形式都在不断进化着。

（1）核心赛事的 IP 赞助与参与。体育营销通常分为两类：一类是体育赛事、活动、联盟、运动员、球队本身的赞助，主要涉及商务开发、经纪和广告等营销业务；另一类是不同的品牌商对体育赛事、联盟、球员中的广告投放、产品植入和商业合作等。

品牌理念与体育核心赛事的契合，以及长期的赞助与参与，决定着体育营销的成败。

说到对体育事业的热衷，很多人都会想到全球知名轮胎品牌——固特异。因为无论是在国外市场，还是在国内市场，固特异在体育赛事方面都提供了足够的支持。

固特异是 F1 赛事的轮胎赞助商，创造了 F1 赛事 368 次冠军纪录，远超位居第二的轮胎品牌获胜次数。其与美国纳斯卡赛事的合作长达60年，在马来西亚、新西兰等地，固特异进行了各类赛事的赞助。

值得一提的是，固特异还是第一个赞助马拉松的轮胎品牌。2017上海国际半程马拉松，作为大型赛事的官方赞助商，固特异全力助阵。中国区总裁马海安先生等企业高层全程参与比赛，还在赛道上装配了固特异轮胎的开道车，突出了固特异安全、稳定的特性，为赛事保驾护航。同时，固特异还用丰富多彩的贴心服务和互动体验，为参赛者加油助威。

（2）全民娱乐时代的视觉爆点。随着全民娱乐时代的加剧，体育也开始与娱乐业开展合作，导致体育经纪、体育综艺节目、体育电影等多种形式的娱乐产品纷纷出现。比如，在2016年里约奥运期间，热门电视综艺中节目“真人秀”被植入奥运大背景，通过对情感的不断挖掘，受到女性和家庭的青睐。而为NBA量身定制的球星传记类节目《巨星城记》和明星与球星的互动节目《大有名堂》，则用令人耳目一新的节目形式和内容体验吸引了广告商，打造了新的视觉爆点。

当前，由于大赛刺激、消费升级、民众运动健康意识觉醒，以及企业开拓海内外市场的需求带动，都在一定程度上加大了体育营销的增长需求。

2. 企业如何充分利用体育营销

在信息过载的时代，要想在短时间内捕捉、聚焦注意力，需要付出得更多，但体育具备这样的特质。而且，不同体育项目、不同体育事件背后的人群，都可以明确追溯。这对企业主来说特别有价值。

要想实现高效的体育营销，首先就要对不断发展与改变的市场环境进行更深的理解和把握，做到持续对体育营销进行观念上的更新。具体来说就是：

（1）关注民间赛事和大众运动，捕捉营销商机。体育赞助资源抢夺难度大、费用高涨、巨头鏖战，这都是事实。其实，除了职业体育赛事和商业体育赛事外，民间赛事和大众运动也包含着众多的商机。比如，跑步运动可以衍生出马拉松、10 公里、荧光夜跑、彩色跑以及各种主题跑。

新兴大众运动健身领域，通过关键意见领袖（KOL）的号召力，品牌也能进行有效的营销和传播沟通，以逐渐提高产品、服务转化率。

（2）线上线下互通及对位的媒体传播。体育营销的营销战术有很多，既可以在线上投放广告，也可以在线下做活动，能去的很好的宣传效果，此处我们仍以固特异为例。

固特异意识到当下人们倾向于利用移动设备观看体育赛事资讯。一方面，在线上与对位的媒体资讯平台合作，为庞大的用户群体提供全方位的赛事内容；另一方面，在线下不仅企业高层全程参与赛事，还创造了贴心的服务与互动体验。

如今我们每天都在接触碎片化信息，很难对某个具体的对象产生特殊感情。但是，体育爱好者却对自己喜爱的赛事、俱乐部与运动员有着极强的黏性与忠诚度，使用这种线上线下互通营销方式和对位的媒体传播，固特异成功地博取了观众的眼球，大大提升了观众对品牌的接触度和认知度，继而提升了购买转化率和反复购买率。这也是固特异把体育营销列入长线公司战略之中的一个重要原因。

第二章 关注体育营销要点，以免触碰雷区

要点一：门当户对才般配

结婚嫁女，人们一般都讲究门当户对，因为只有这样才般配。其实，在体育营销中，也遵循着这样的规则。

1972 年，宝马赞助了慕尼黑奥运会马拉松赛，该赛事还使用宝马的首款电动车宝马 1602 作为计时车。

多年来，宝马已经成为柏林和东京马拉松赛的冠名赞助商。同时，在其他顶级马拉松赛事中，也能看到宝马的身影。宝马 i3 电动车甚至还被用作引导车辆，不断地刷新知名度，大大提高了存在感。

作为对自我的挑战，马拉松符合宝马品牌的精神，观众多为 30 ~ 45 岁的精英群体。为了获得更广泛的观众和举办更有影响力

的活动，宝马还与世界上最长的马拉松队接力赛合作，向中国人推广2017宝马跨山接力赛。

这次比赛改变了传统的马拉松残酷的比赛形式，将马拉松与越野接力结合起来，以五人一组的方式完成比赛。此次活动还邀请了体育明星和文艺界明星，吸引了全世界成千上万的选手，不仅具有更高的参与度，还具有挑战性，传达了健康和挑战自我的概念，与宝马的运动气质相得益彰。明星组合的加入，不仅进一步增强了活动的关注度，还将营销效果带到了极致。

所谓体育赞助，是为体育运动支付约定的现金或实物，交换其他对赞助公司有益的商业价值。体育项目，不仅是企业赞助行为发挥商业作用的基本手段，还是评估赞助最重要的指标。因此，体育赞助必须和企业自身的定位相映衬。具体来说，要考虑以下几个方面。

1. 赛事是否与目标消费人群相符合

赞助的体育项目如果不考虑目标消费群体，也就不会有商业价值，这是赞助要关注的主要问题。赞助商在进行赞助时，如果认为项目在实际运营过程中并不昂贵，或很多人都在关注它，或由政府部门支持，就决定实施赞助行为……这样做，只能与非主要目标群体混个脸熟，并没有其他任何商业用途。

2. 赞助项目与品牌定位是否相符

无论是体育赞助的形式，还是投资广告，最终目标都是为建立和巩固强大的品牌定位服务，从而进一步提高企业盈利能力，因此该品牌必须拥有产品载体。

首先，赞助的体育项目要与所售产品具有一致的品调。产品功能包括产品的功能、特性和销售区域等。比如，主打女性健康产品的企业就不能参与赞助国家足球联赛。

其次，体育赞助计划必须与品牌的定位保持一致。比如，万宝路卷烟品牌曾多次赞助欧洲一级方程式赛车比赛，将世界顶级车手的男性化形象与万宝路品牌联系在一起。后来，万宝路将这一战略移植到中国，赞助了中央电视台的《体育世界》栏目，使中国观众将万宝路与体育赛事和体育精神联系起来，同时阐明了万宝路“自由而粗犷，富有冒险精神”的品牌内涵，赢得了广大观众的青睐。

要点二：完善的配套执行能力

案例：

在2017年世界游泳锦标赛上，中国游泳队赢得了三枚金牌、三枚银牌和四枚铜牌，完美结束了世界游泳锦标赛。而与中国游泳队一样完美完成任务的还有合作伙伴吉利汽车。

吉利汽车利用体育营销的能力着实令人钦佩。其推出的腾讯平台，设计出该品牌的世界锦标赛主题页面，用《腾讯体育》专栏深入报道游泳人物。观众还可以与页面上的游泳者互动，大大提高了品牌形象的意识和关注度。同时，吉利汽车还推出了一项特殊活动，那就是评估中外“游泳神将”，用镜头记录孙洋的战斗精神和赢得冠军的决心，深化了体育精神，巩固加强了吉利汽车的中国品牌形象。

吉利汽车还以“游泳世界”为主题，对游泳池的特色进行了报道，甚至还开展了以“泳坛封神榜”为主题的泳坛人物志报道，分别对叶诗文、傅园慧、徐嘉余、孙杨等进行了趣味报道，把徐嘉余比作小哪吒，把傅园慧比作邓婵玉，赋予吉利汽车品牌更具活力的特质。

通过这次活动，吉利汽车发掘出了无数融合点。这是吉利汽车在营销方面取得的胜利，也是情感营销的赢家。

体育赞助是一个复杂的系统活动，要想让赞助项目发挥出最好的赞助效益，必须具备完善的配套执行能力。而国内很多企业往往以为，只要提供赞助费用，做好广告方，就跟自己无关了。其实，这是一个误解。看到有利可图的赞助项目，却不愿意投入更多的人力和物力，是发挥不出赞助效应的。而要想让赞助的效益最大化，就要做好高空媒体的宣传、地面促销推广、新市场的开拓、企业内部的产品开发等。

1. 制定完善的配合执行计划

体育赞助并不是一项单纯的商业行为，还涉及到被赞助方、媒体、经纪公司等；而且，体育赞助活动的规模较大，会涉及到众多营销工具与宣传手段，都不是任意一家企业能单独承担的。要想实现体育赞助的良好效果，就要对各方关系做好权衡，进行互惠、密切的合作。

而对于企业来说，体育赞助已成为公司重要的营销战略，因此制订长期而完善的配合执行计划势在必行。一般来讲分为两个部分：一是中长期赞助战略计划，在这个计划中系统地说明其在公司整体战略中的地位，需要达到的目标分几步走，每一年的目标计划如何，大致预算为多少？二是每年的详细执行计划，一般包括当年的赞助目标、传播核心，配合此项目需要分几步走，如何促销推广、媒体投放、产品配合、人员组织分配等？

2. 安排专业的执行队伍

体育赞助是一个复杂而系统的工作，需要懂得各类专业人员（产品、推广、广告、公关等），来负责不同的工作；同时，要统筹整个执行团队完成任务，组织者还要具备全面的、专业的实践经验，更要具备强大的统筹组织能力。

如今在我国，体育赞助依然是一个比较新颖的营销工具，还没有造就比较成熟的专业队伍与操作模式，在实施过程中很容易遇到各类问题，为了解决这个问题，企业可以跟经验丰富的体育经纪公司合作，让他们来为公司培养相关人员。同时，还要对公司运作环节的操作者进行培训，努力将他们培养成专业的执行者，既能从事本岗位工作，又能胜任体育赞助的工作。

做好计划，培养并配备好执行队伍，保证资金投入到位，才能发挥赞助效应。其间，要防止因某个部门或环节的工作做得不充分，而导致整个赞助活动链条断裂，使企业蒙受损失。

要点三：考虑媒体的广泛参与

随着移动互联网的出现和社交媒体的兴起，体育营销自 2015 年以来真正进入了互联网时代。粉丝经济、有偿经济和网络营销已经触及体育营销，使其开始变得复杂而有趣。但在互联网时代，并不是所有体育公司都像腾讯一样擅长“版权 + 营销”。当然，腾讯也不是唯一一家通过深化版权价值来赚钱的公司。

在腾讯体育举办的众多顶级赛事中，NBA 被认为是一项具有里程碑意义的赛事。在腾讯体育赢得 NBA 网络直播版权 5 年和 5 亿美元之前，新浪体育是 NBA 的长期合作伙伴，但后来 NBA 选择了腾讯体育，这和腾讯体育的出色营销能力是分不开的。

自赢得 NBA 网络的独家版权以来，腾讯体育已经围绕 NBA 赛事推出了一系列营销活动。作为一个互联网媒体平台，腾讯体育拥有庞大的用户量和流量，为 NBA 商业价值的深度挖掘提供了基础。为了最大限度地提高 NBA 的商业回报和增值价值，腾讯体育一方面在创建硬件和软件方面投入了大量的资金，另一方面还通过现场直播、自制节目、网络社区、粉丝活动等多种方式，充分利用其资金、技术、资源优势和独特影响力，为深层次营销提供保障，挖掘 NBA 资源。

腾讯用自己的事例告诉我们，要想提高体育营销的效果，就要重视媒体的广泛参与，放大赞助权益。

赞助本身并不能产生多大的传播效果，只是为赞助商提供最基本的工具，真正能够发挥效果的是企业充分利用好赞助。善用传播策略，才是企业赞助价值的精华所在！

体育赞助是一种借力行为，只不过是借助体育项目品牌来带动企业品牌而已。通过体育的公益性和广泛性，品牌就会在潜移默化中对准消费者产生影响，让他们对品牌产生好感。在这个过程中，媒体对赞助品牌的爆光度异常重要。

可是，我国目前的媒体环境是，如果媒体不认为企业的赞助与他相关，根本就不会提起，即使是最基本的赞助权益，媒体也不会为企业争取。过后，人们只能回忆起体育赛事的精彩，根本就不知道哪家企业花了多大的赞助资本。

为了应对这种环境，企业必须与关键的媒体形成长期、深入的合作关系，比如专业的体育类媒体、重点市场的大众媒体，以扩大赞助的传播效果。同时，通过媒体的空中传播，再结合企业的地面促销等推广活动，来吸引目标人群参与，增强目标人群对品牌产品的关注度。

要点四：足够的财力支撑

任何事情的完成，都需要资金的支撑，只不过资金多少不同而已。没有足够的资金，即使脑子里有了创意，也不能将其在现实中呈现出来。国际上成功的体育赞助经验告诉我们，配套执行费用是赞助费的 3 ~ 5 倍，如果企业投入 1000 万美元赞助某个赛事，要想取得理想的效果，至少得再拿出 3000 万美元来进行相关的配套推广。比如：1996 年，可口可乐公司在全球体育上共投入了 4.5 亿美元，而赞助赛事的经费只有 4000 万美元，剩下的 4 亿多美元都用在了外围的配合与市场巩固。如此算来，每赞助 1 美元，就要在外围和各目标市场投入 11 美元进行配合。可见，赞助费只是一张入场券，与之配合的推广活动才是赞助的价值所在。

体育营销，需要长期投资足够的资金公司赞助某个体育项目后，营销费用会占据很大比例，之后，在整个体育项目进行期间公司基本上是围绕资金、物质资源和推广的主线展开的。可以看出，赞助项目的成败对品牌建设有很大的影响，而且这个过程是长期的。由于各赞助公司的实际情况不同，如评估、计划、资金实力、实施等，因此体育赞助往往不能达到预期的效果。数据显示，赞助亚特兰大奥运会的 200 多家公司中只有约 25% 获得奖励；有些公司只获得了一些短期利益，有些甚至会亏钱。

联想赞助了 2008 年奥运会赛事，向国际奥委会支付费用及其他配套资金花费超过 20 亿元。对于目前业务规模超过 200 亿元的公司来说，存在巨大的风险，一直受到外界的关注。由此可见，因为赞助足球队而拖垮整个企业的可能是存在的。

第三章 体育营销必须遵守的五大法则

法则一：跳蚤法则——想跳多高，就能跳多高

想跳多高，就能跳多高！企业品牌运营的概念也是如此。好的品牌都需要提升意识和声誉，而体育营销则是最直接的。如今，很多企业品牌都在使用体育营销来实现自己的品牌知名度或声誉。

通过参加一级方程式赛车，吉利汽车正式加入了体育营销行列。吉利汽车展台上出现了一辆充满活力和热情的配方车，不仅完全符合配方竞争要求，还装载了吉利自主研发的发动机。方程式赛车的顶级体育赛事，完全消除了公众对吉利自主研发的汽车核心技术的怀疑，使吉利汽车成为全国汽车品牌的骄傲，提升了国内品牌的知名度和信任度。

中国足球队领队米卢来自中国足球队，虽然不是中国人，但国

内空调品牌奥克斯却抓住机会，聘请米卢为产品代言，经过积极的宣传和推广，最终使奥克斯成为空调行业的新品牌。

与之相反。杉杉集团是国内时尚产业的翘楚，投入巨资聘请奥运冠军刘翔来代言，但杉杉原创高端西装品牌属性与刘翔的身份定位发生了冲突，反而没有取得理想的效果。

法则二：红线法则——为企业与消费者搭建一个交流的平台

体育营销的基本用途是为企业与消费者搭建一个真诚交流的文化平台，这是企业与消费者应该遵守的红线。体育营销必须将体育文化融入品牌文化，实现消费。企业品牌的认可不同于企业为了获得消费者的善意，而采用的供应商主导的沟通方式，通过文化认同而创建的企业形象会更加根深蒂固，不可动摇。否则，在让消费者通过一次或几次炒作就接受企业品牌的情况下，是无法将品牌的核心文化传递给消费者。在这方面，还需要进行系统深入地学习和挖掘。

其实，并不是每家公司都适合体育营销。比如，刘翔在为白沙集团代言时就遇到了点尴尬。白沙集团的口号是“鹤舞白沙，我心飞翔”，与刘翔的“翔”一致，具有飞翔的味道。可是，在白沙集团的广告中，白鹤和绅士舞的姿态与刘翔“亚洲飞人”的形象严重错位。

法则三：南风法则——要想占领市场，先要占据心灵

占据心灵，这是体育营销融入文化营销的关键。

北风和南风发生了争执，都觉得自己对方更强大，为了证明这一点，他们决定进行一项比赛——看谁能脱掉行人的外套！

北风发动威力，呼啸而至，寒风刺骨，行人纷纷缩了脖子。为了抵御寒风的袭击，很多人都裹紧了自己的外套。北风使了很大的力气，也没有让人们自愿将衣服脱掉。

南风缓缓吹来，冷气霎时消散，天空一览无云，温度渐渐回升，行人逐渐挺起了脖子，舒展了四肢，有些人甚至还解开纽扣，脱下外套。

结果不言而喻，最终南风赢得了胜利。这就是著名的“南风法则”。

在争夺矿泉水市场时，农夫山泉已经应对过几个巨头，如娃哈哈和乐百氏。农夫山泉赞助了“阳光计划”的一分钱活动，传递了一则公益广告：一群孩子在一起玩耍，跳绳，比赛。画外音为：“我们的一分钱是这样花的。2002 年，农夫山泉阳光项目向 24 个省的 377 所学校捐赠了 5 029 028 元的运动器材。你的一分钱就让 20 万名孩子第一次感受到了体育的喜悦。”这种民族体育的体育营销，

给消费者送去了温暖，更接近于普通人对品牌的信任和肯定，有效地提升了农夫山泉在饮料行业的品牌形象。

相应地，在参与奥运申办时，红鹰不仅弘扬了新时代精神，还通过 2008 年北京奥运会为全国人民展示了胜利者的姿态。红鹰推出的“新时代精神”与“胜利之鹰”完美结合在一起，使独特的白领群体与获胜的愿望相得益彰，让红鹰独特的品牌文化得到了很好的传递。

法则四：孔雀法则——针对适合自己品牌属性的特定消费者

孔雀一般都会为自己喜爱的人开屏。同样，体育营销也要针对适合自己品牌属性的特定消费者群体。

在我国参与体育营销时，奥迪汽车品牌强调“动感”，如 A6 口号是“更富有激情，更有活力，更高贵”，创造了品牌与体育营销之间的重要联系。“感动更加精彩”拉近了奥迪品牌与体育赛事之间的距离。当然，奥迪赞助顶级体育赛事和顶级明星，就像奥迪的顶级品牌和顶级品质一样。

作为国内垄断行业的电信运营商，中国电信在赞助奥运会方面发挥了怎样的品牌效应和市场效应？作为中国最知名的台式电脑和笔记本电脑的制造商，联想也想搭乘奥运赛事这趟列车，着实令人不解！

法则五："4-1=0"法则——忽视了任何一个法则，就是"零效应"

从一定程度上来说，体育文化营销的另外一种载体，必须遵循能够打动消费者和深入消费者情感深处的文化属性。而要想实现这一切，就需要系统的品牌战略，疏忽了这一法则，就成为"零效应"。

在奥运会之前，可口可乐起用新星刘翔和腾海滨，不仅延续了原来的"要爽由自己"的品牌主题，把娱乐明星的代言与体育营销有机结合起来，还通过闪电般的夺金速度，刘翔最终以 12 秒 91 的成绩获得奥运会冠军，勾起了人们想要体验奥运激情的运动文化，与消费者自己主宰情感欲望和审美视觉的"爽"字相呼应。

许多国内的体育营销企业缺乏系统全面的营销策略，将体育本身作为活动营销的载体，直接推广体育明星或体育赛事，而相关系统项目，比如品牌的推广、促销方式、展览展示、广告投入、产品推广等却异常匮乏。到目前为止，关于体育赞助和广告投资的所有讨论，几乎都集中在商业支出、体育赛事的方式和选择方面，几乎看不到由于赞助而实际获得的品牌管理和销售效果的系统分析，一些区域性体育营销更是归结为"零效应"。

第四章　互联网时代，体育营销的新玩法

玩法一：体验式营销——关注消费者体验

体验式经济对企业影响深远，其中最主要的方面就是企业的营销观念。

所谓体验营销就是通过看、听、用、参与等手段，充分刺激和调动消费者的情感、思考、行动、联想等感性因素，重新进行定义和设计。

在全面客户体验时代，不仅要对用户进行深入和全方位的了解，还要将消费者的全方位体验和对消费者的尊重凝结在产品层面，让消费者感受到被尊重、被理解和被体贴。年轻人之所以喜欢去苹果商店，孩子们之所以对迪士尼乐园流连忘返，主要原因就在于，在这些地方不仅可以享受到最前卫的设计和产品，还能让自己

沉浸在一种超脱现实的体验之中。

创立有160多年的美国运通公司，在体育营销方面延续了自己的路径。2017年6月22日，美国运通与NBA续约，继续担任NBA、WNBA和NBA佳得乐联盟的官方信用卡合作伙伴，并为VIP会员提供参加NBA选秀和2018年全明星活动的各种福利。

其实，美国运通和NBA的首次结缘是在1995年。当时，美国运通刚刚开始提供商务旅游服务。同时，看到使用互联网的商业机构越来越多，旅行社咨询人员短缺，传统运作方式成本增加，美国运通果断开辟了网上业务，成为旅行商中使用电子商务手段的开拓者。

同年，美国运通把“会员里程计划”更名为“会员奖励计划”，会员可以用积分来换取礼品和旅行服务，受到了会员群体的欢迎。只用了一个月的时间，就吸引来数万名会员。

这些新业务和新技术让美国运通产生了拥有更多用户的想法，由此拥有大量球迷的体育联盟和赛事也就成为美国运通的新目标。

1995年，迈克尔·乔丹回归NBA。当乔丹向世界球迷说出“I’m back”时，包括ABC、CBS、NBC、CNN在内的美国各大电视台都停止了正常节目的播放，向世人报告这个令人振奋的消息，NBA也由此迎来了一个新的发展热潮，同时迎来了新阶段两大巨头的联合。

美国运通在体育营销中的活动内容与方式，体现了他们的品牌价值观。在美国运通的发展史中，“为用户提供上乘的服务”始终都是他们最核心的价值观。因此，美国运通进入体育营销场景，便采用了体验式营销等方式，为目标群体带来了实实在在的福利。

成为 NBA 的官方信用卡合作伙伴后，美国运通借助 NBA 赛事开展了一系列营销活动。持有该信用卡的用户，不仅可以参观 NBA 常规赛、季后赛、全明星赛、选秀和 NBA 海外比赛，还能参加 NBA 主题活动、进入 NBA 幕后世界、与 NBA 球员和名宿进行面对面交流等。

2015 年，BBVA 银行加入 NBA 赞助商的大家庭，美国运通集团与之开展了基于 NBA 的营销合作，推出了一款 NBA 主题信用卡。持该卡购买 NBA 球票，消费者可以获得相应的积分，这一积分还能在 NBA Store 上折算成优惠券进行消费。

各类赛事中，这种营销活动还有很多，并且随着时间的推移，活动还进行了不断的完善与升级。多年的努力，让美国运通得到了丰厚的回报。报告显示，在 2015 ~ 2016 赛季，能识别出美国运通 NBA 官方合作伙伴身份的受访者为 23%，比 2014 ~ 2015 赛季增长了 5%。

与 NBA 合作是美国运通的一个正确决策。可是，作为一个以高端信用卡服务而闻名的信用卡品牌，美国运通也不会放过同样代表了高端的体育赛事。

美国运通在体育界的另一个老朋友——美国网球公开赛（简称美网）。双方从 1994 年开始合作，至今已经一起走过 24 个年头。在这个赞助项目上，美国运通不仅投入了感情，还投入了巨资。数据显示，2014 年美网的赞助支出为 6800 万美元，是该年度赛季四大满贯中赞助收入最高的。其中，美国运通投入 770 万美元。

作为美网的一级赞助商，美国运通为球迷提供了实实在在的福利路线，为持卡人创造了现场体验这一赛事的机会。持卡人不仅可以在专属的休息区休息，还可以走上亚瑟·阿什球场，体验站在赛场上的感受，甚至还能在美国运通为他们准备的网球场上接受网球技术指导并获得与球员合影的机会等。

2006 年，美国运通与美国高尔夫协会（USGA）开始进行合作。2007 年，美国运通投入数百万美元，成为美巡赛（PGA TOUR）最高级别的赞助商，当时同它一起的还有梅赛德斯－奔驰和欧米茄。在这次合作中，美国运通依然开展了许多与用户亲密接触的活动，比如：门票福利、PGA 学习中心（PGA Learning Center）等。

由此可见，美国运通采用的体验式营销的精髓就在于，用户能够觉得自己得到了特别的优待。众所周知，在选择信用卡的时候，人们一般都对数字非常敏感，如利率、年费等，因此信用卡也就具有非常强的可替代性。而美国运通的这一做法，其实就是一种“曲线救国”式的破局方式，即从用户的情感需求上入手，获取他们主观上的认同。正是这一技能，让美国运通跻身于体育营销的企业前列。

玩法二：沉浸式营销——通过品牌营造体验，引发消费者持续关注

在消费者注意力比金鱼还要短暂的时代，企业面临的一个难题是消费者的注意力会迅速被新的热点所吸引，自己的营销活动犹如昙花一现，无法给消费者留下深刻印象。为了获得消费者的持久注意力，企业就要主动打造一套完整的线上线下体验模式，让消费者沉浸在品牌营销的氛围中，以尽可能地延长营销活动的营销力。

所谓沉浸式营销，就是在消费者出现的渠道中通过恰当的方式去凝聚消费者，将消费者全方位地包围，通过品牌营造的体验，让消费者持续关注品牌活动，加深对品牌和产品的认识和了解。不同于一般的体验，沉浸式体验看重的是营销产品带来的感受。

2017 年电影《摔跤吧！爸爸》，不仅引爆了国内电影市场，还引发了一场对体育类电影题材的思考。体育和影视看起来并无太大

关联，也没有特别明确的界限，可以看作是观赏经济的不同表现形式，二者联手，必然能俘获多数年轻群体，必定会产生共同的粉丝群体。

一部体育电影只是微小的个案，上升到影视和体育两大产业层面，二者却可以擦出火花。多数情况下，影视产业和体育产业都是近乎相对独立的，但是二者的运营模式却很相似，它们的核心资产都是IP。体育IP包括赛事、俱乐部、球员等，影视IP包括影视作品、影视公司、演员等。

当然，任何一种IP形式的差别更是显而易见。比如，赛事和影视作品做对比，体育IP的传播渠道和变现形式都要比影视IP丰富得多，且体育IP的影响时间也更持久。正是因为这种差异的存在，才让二者产生了进一步合作的可能，比如IP层面的合作。

通常广告是不设边界的，只是为了满足某些宣传的需要，品牌方面的差异更多的是由行业差异决定。就拿一部电影的前期宣传来说，户外、电视、数字广告等都是普遍的形式。另外，每种广告形式都可以做延伸，会产生渠道的交叉，很多都是基于IP层面的。

众所周知，“超级碗（美国职业橄榄球大联盟的年度冠军赛）”在美国有着巨大的影响力，与比赛有关的任何方面都蕴藏着很大的商机。对于商业联盟来说，只要能够获得商业利益，他们不会放弃任何机会。因此，每年的超级碗广告都是五花八门，会有一些老面孔出现，也会时不时出现一些新品牌。很多即将上映的热门影片也会利用“超级碗”这个超级大IP，占据广告时段的一席之地。比如，2017年上映的《变形金刚5：最后的骑士》，在当年的超级碗中播放了30秒的预告片。

现实中，这样的例子还有很多，且还是观众欢迎的大制作，比如:《速度与激情8》《加勒比海盗5》等。

“超级碗”的关注度能够上升为社会事件，并不能代表广泛意义上的体育IP。但是，从影视公司的角度来说，这种广告投放却能更大面积地覆盖年轻观众，在社交媒体上创造出更大的附加值。

与普通广告比起来，体育IP交叉的更高级形式就是体育赞助。参与体育赞助的品牌品类繁多，但与影视娱乐相关的产品或品牌却不是太多。对于影视IP来说，单纯的品牌曝光并不能满足观众的胃口，需要进行更多的沉浸式营销，产生更长时间的影响。

2012年，迪士尼收购了卢卡斯影业，利用《星球大战》这个超级IP举办了两场星战主题的半程马拉松，吸引了大批铁粉参与。此外，迪士尼还推出公主马拉松，深入女性市场。现在，这项赛事已经成为全美最负盛名的女性路跑赛事之一。

如今，迪士尼旗下的体育公司每年都要运营200多场体育赛事，超过一半的赛事都是迪士尼基于自有 IP 所做的创新研发，涉及跑步、足球、棒球等项目，主要集中在青少年群体。这些赛事 IP 与迪士尼的经典影片人物、卡通形象相融合，特色十足。

迪士尼充分调动自身的娱乐 IP，丰富体育 IP，是娱乐公司进行体育概念营销的范例之一。在体育 IP 层面的创新投入，迪士尼也为 ESPN 注入了生机，依靠自身的力量就可以形成完整的生态闭环。

任何营销行为最终都要落脚于消费。相比之下，娱乐消费注重线下，而体育消费的形式更为多样。线上的比重会大一些，但是线下依然是核心。回归线下，辅以互联网的传播效应，才能全面带动体育消费。

体育和娱乐在 IP 层面的融合，就能将各自 IP 的营销特点充分发挥出来：体育 IP 可以借助娱乐丰富的线下渠道，而娱乐 IP 则能利用体育 IP 的高参与度和高关注度。营销创新的关键还是形式上的创新，而这也营销进阶的关键，更是未来的主要方向。

玩法三：影响者营销——利用具备影响者的人物进行体育营销

影响者营销和社交媒体存在着密切的关系，具体表现为：在社媒平台上品牌方利用影响者进行体育营销。

1. 什么是影响者营销

影响者营销是国际体育营销领域一个重要的分支和潮流，所谓影响者营销就是，品牌通过影响者能够用一种群众更容易接受、更容易交流的方式，与群众进行交流。品牌一般都希望真实地影响到群众，与群众进行深入的交流，尤其是年轻人群。影响者犹如品牌的代言人，可以帮助品牌有效地达到这种目的。

不同领域都有很多有影响力的人物，在体育领域的一些运动员同样如此。但随着内容制作和传播的方式的改变，即使是一个十几岁的孩子，也可以坐在镜头前侃侃而谈，获得目标粉丝。而只要获得了固定粉丝，就可以成为某个特定领域中的影响者。

2. 品牌如何寻找影响者

寻找影响者，其实就像教练寻找合适的球员，要想找到合适的影响者，通常要经过这样几步：首先，要确定自己的观众是谁，要传达怎样的信息；然后，看看谁能更好地传播这种信息，关键要明确自己的目标和想要的结果；最后，进行倒推，寻找合适的影响者。

3. 确定影响者营销的合作期限

营销活动与影响者的合作，需要有一定的持续性。如果是短期的，就可能要借用该影响者的粉丝。影响者并不属于你的平台，只是暂时在此，当他离开后，获得的粉丝可能就会停止关注。或者，虽然平台上获得了很多用户群体，但视频或内容的观看量却很小。

在这一点上，影响者营销虽然是一个新词汇，但是和任何赞助、合作代言都一样。长期的合作能给品牌带来更大的收益，更能传达一定的意义，对群众发挥更大的作用。红牛就是一个运用影响者营销的杰出典范。红牛和苏格兰 - 爱丁堡的合作长达约 15 年之久，至今依然在合作。

即使目标只是让人们下载 App，短期内有可能实现了目标，也无法取得理想的长期效果。因为人们下载了 App 后，如果发现促使自己下载的影响者并没有使用该 App，也不在 App 上发布内容，就会放弃使用该 App，同时不再关注企业。

从影响者角度来说，与品牌长期合作也有好处。频繁地更换合作品牌，人们就会意识到，这个人只是为了赚钱。坚持与某个或某几个品牌合作，即使不是出于热爱，至少做出了一种行为，传达了一种信息，建立了一种稳定的联系。从这个意义上来说，社交媒体上的营销回报是延迟的。

4. 成功与否跟平台的关系

影响者营销的成功包括很多因素和变量，平台不是这里的变量。重要的是营销的执行实施，理解群众的心理，了解这个平台上语言使用和操作的特点，然后坚持下去。比如，脸谱和优兔在影响者营销上就完全不同。在优兔上，影响者对视频非常重要，可以让视频获得极高的观看量。但是在脸谱上，影响者起不到决定性作用，更多的是取决于内容，包括很多小技巧。

5. 多久发布一次内容

对于影响者营销，高频率的发布非常重要，但是要受制于可能性。每天都发一个影响者视频，不太容易做到，规律性地发布比较重要，发布越频繁，效果越好。

人们经常会犯一个错误：试图制作完美的内容。试图把内容制作得尽可能好，然后再发布，这样会失去一些机会。在过去的传统媒体上，内容都会尽力追求完美。但现在，如果想让人们看你的旅程、在手机上录制视频，根本就不用太在乎镜头的视角，只要让人们看到你的旅途就已足够。要多发布一些内容，不要发布有限的制作精良的内容。

6. 主题更重要

在社交媒体上，人们一般都不会太在意形式，在意的是能看到的、关注到的亲近感。品牌可以利用第三方来推荐自己，不要将自己的内容放在渠道上强迫观众去看。在现在的体育营销环境中，他人的评价非常重要。比如，优秀的足球运动员说自己使用某个品牌的足球产品，就会对该足球产品产生很大的推荐作用。

玩法四：公益营销——利用公益活动吸引人们的关注

与前面的几种营销方式比较起来，公益营销淡化了营销概念，却更能深入人心，更有利于群众接受。在这方面，宝洁公司有着自己独到的理解。

2017 年，宝洁沐浴啫喱正式成为巴塞罗那俱乐部在我国（包括港、澳、台地区）的官方沐浴用品，双方之间的这一合作关系会一直持续到 2019 年。在此之前，巴塞罗那俱乐部还与宝洁公司旗下的吉列剃须刀、海飞丝洗发水达成了合作关系。

宝洁公司创立于 1837 年，是全球最大的日用消费品公司之一，总部位于美国俄亥俄州辛辛那提，全球约有 11 万名员工。在日用化学品市场上，宝洁知名度非常高，产品主要包括：洗发、护发、护肤用品、化妆品、婴儿护理产品、妇女卫生用品、医药、食品等。在 2017 年 6 月 7 日发布的《财富》美国 500 强排行榜中，宝洁排名第 36 位。同许多全球化企业一样，在拓展市场、树立正面品牌形象的过程中，宝洁也进行了体育营销。

在 2010 年温哥华冬奥会上，宝洁赞助美国代表队，收获了公众的好感，进一步扩大了市场份额，并获得了近亿美元的销售额增长。尝到甜头后，宝洁在同年与国际奥委会签订协议，建立全球合作伙伴关系，宝洁正式成为奥运会 TOP 赞助商，并是其中唯一的日化企业，主要为各项奥运赛事提供指定的个人护理和日用产品。

从 2011 年开始，宝洁陆续推出了“感谢母亲”系列广告，借助“每个运动员背后都有位伟大的母亲”的主题，将自己与体育连接起来，在线上和线下同时掀起了一场全民感谢母亲的热潮。比如，2012 年伦敦奥运会期间，广告《Best Job》收获了极好的传播效果，不仅夺得 2012 戛纳广告节金奖，还包揽了“2012 年度体育营销十大经典案例”等诸多奖项。

2012 年宝洁赞助奥运，创新地整合了数字营销和传统营销，充分利用了新媒体平台。比如，宝洁与腾讯一起创作的奥运父母汇，创造了 660 亿次印象，1.1 亿次点击率，2560 万名消费者参与。百度也建立了品牌专区，消费者能够在第一时间接收到“为母亲喝彩”奥运营销活动的相关资讯。

同时，宝洁还兼顾了线下活动的配合，在里约热内卢的宝洁“母亲之家”中，招待了合作的运动员和他们的母亲，让他们获得了像在自己家里一样的幸福感受。

宝洁官方调研显示，在成为奥运 TOP 赞助商的几年时间里，宝洁已经在奥运合作伙伴的排名中上升到了前四位。

另外，宝洁中国还在国内组织了体育营销活动。“我就是女生”以女性用品护舒宝的名义发起，由中国女足门将赵丽娜代言，宣传让女性积极加入到各种体育运动中。活动在新浪微博上设置了话题，阅读量超过 3 亿人次。

为了提升消费者的关注度，宝洁旗下的帮宝适、OLAY 等，也陆续推出了相应的活动。比如，邀请“冠军妈妈”刘璇玩直播，跟沃尔玛一起打造“宝宝奥运会”。同时，宝洁还跟阿里合作，在奥运标志中植入了AR科技，活动上线仅一周，就吸引了40万人参与，AR 互动人数近百万。

对于宝洁来说，奥运是其体育营销版图中最重要的一项资源。可是在奥运之外，宝洁也正做着更多的尝试。尤其是宝洁越来越希望以体育营销的方式来进一步地挖掘与扩张中国市场。

2017 年 11 月，宝洁与德国拜仁慕尼黑俱乐部的跨界合作落地中国市场，以“跨界巅峰体验，品质冠军之道”为主题登陆麦德龙全国 86 家商场。拜仁慕尼黑用追求必胜的热情激励着人们，宝洁则通过优质的产品为消费者带去惊喜。通过这次合作，双方将这份热情和卓越体验都带给了中国消费者。

宝洁和拜仁慕尼黑从电视、数字媒体、产品的店面营销设计等渠道进行合作，还举办了抽奖活动，把宝洁的顾客带到德国去看球，去跟拜仁的球星见面，让顾客真正感受到足球的激情。

在宝洁沐浴啫喱正式成为巴塞罗那俱乐部在我国的官方沐浴用品后，宝洁也进一步同国内众多巴萨球迷建立起了更牢固的情感纽带，增强了自己在巴萨球迷心中的品牌认同感。

为了应对业绩增长的压力，保洁加大了体育营销的投入，积极拓展全球市场。由此，体育营销对于企业全球化发展的重要性再次凸显。

第五章　互联网时代，成功体育营销的特征

特征一：以数据为导向

数据分析不仅能够改善球场表现，为媒体公司和博彩企业开拓新市场，还能让赞助商与体育资产的匹配分析变成一门新学科。其实，在某些情况下，品牌商即使没有对体育资产进行充分了解，也能对一场赞助的投资回报率进行有效评估。

真正的商业模式，都会在共性需求的驱使下，产生一定的动态消费轨迹，继而凝结成大数据，并催生出消费需求。比如，马拉松赛事只是一个入口，从前期报名到比赛当天，都能将有共性需求的人聚合在一起，积累起众多带有体温的数据，进而产生动态的消费轨迹。轨迹中的任何一个节点，都能开发和延展出商业模式。

运用这些数据，就能对人群的共性需求进行提炼，对人群的支付能力进行评估，挖掘出消费轨迹中每个节点的消费需求和支付意愿，继而打造出具有价值的商业模式。这些模式不会受到消费者的排斥，但能通过创新实现升级，激发出更多的新需求，形成新的消费增长点……这就是马拉松大数据营销的商业模式和价值。

组织一场马拉松比赛，需要进行一系列前期准备，包括：报名、日常训练、体能储备、购买装备、参加训练营、体检、膳食调理、预订机票酒店、家人随行旅游、保险、康复治疗等。如果是世界级马拉松大满贯赛事，要求则更高，不仅对运动员过去的成绩提出了要求，还需要持续的物质保障。

由马拉松赛事会形成一条周期长、跨领域的消费产业链，涉及多个领域，能够催生出众多商业价值。

如今，体育赛事已经不再是一场单纯的赛事，为了实现共同需求，运动员都会经过自己的努力，实现一次自我的心灵释放，得到一次自我的肯定。对于马拉松爱好者来说，完成一场又一场马拉松，更是他们的共同信仰。而马拉松的完成过程，则需要衣食住行等各方面的不断补给，如此就催生出巨大的消费需求，围绕“马拉松”这个消费场景，就会形成一条产业链。可见，单纯的数据没有任何价值，有价值的是数据背后的共性需求。

作为一个满足体育人群数据背后共性需求的巨大场景，体育赛事涉及上下游多个行业，是催生消费、拉动内需、顺应供给侧改革的利器。虽然体育赛事的参与人数每年都在大幅增长，但更应该从关注数据增长转移到关注数据价值，打造“模式+数据”“场景+消费”的商业闭环，这才是体育赛事大数据营销的真正价值所在。

特征二：较高的策略契合

如果制定的战略吸引不了任何受众，是毫无意义的。赞助的体育项目与品牌目标不匹配，目标市场的受众再大也毫无意义。

MediaCom（竞立媒体）曾为航空企业客户定制过一份专属的初步问卷，题目大概涉及：哪些航空公司赞助过这项体育资产？赞助的体育项目会不会出现意外？这项体育资产与航空公司的路线有没有联系？同时，问卷还为客户提供了很多数据，比如：观众的兴趣与行为、特定市场的观众规模等。

借助数据分析工具，品牌就可以在体育资产评估上少走很多弯路，为未来的赞助策略提供指导。只要运用得当，就能精确地得到 LED 广告的效果、位置和曝光度等各细节。

随着市场竞争的日益激烈，小米电视也异常重视自身品牌和活动宣传。为了提升影响力，2016年7月25日—8月20日，小米电视进行了一次有史以来力度最大的降价活动。活动初期，在小米自媒体和“小米商城”上引发了米粉抢购热潮，电视销量瞬间暴涨。可是，随着米粉市场的逐渐饱和，热度便降了下来。

为了重新提高关注度，小米电视很快又进行了一波大规模活动曝光。

营销目标：

第一，提升小米电视在电视行业的品牌知名度。小米依靠其产品优越的性能和超高性价比，迅速打开市场，深受年轻人的喜爱。但人们对小米的普遍认知仍然局限于手机，且小米的粉丝营销模式决定了其电视受众群体更多地集中于忠实客户“米粉”，因此如何吸引更多的电视用户，转变对小米的品牌认知尤为重要。

第二，利用预算在短期内获得大量活动曝光，让尽可能多的电视潜在购买人群看到活动促销信息，为电商平台带来精准流量。

小米电视目标人群集中于20 ~ 40岁，男性偏多，IT行业和学生占据较大比例。在兴趣爱好上，小米电视的用户更加倾向于影视娱乐、3C电子和体育健身。

在小米电视产品的功能中，最让发烧友感兴趣的就是MEMC运动画面运用了补偿技术，观看高速运动的体育赛事，画面会保持连贯，减少了拖影现象的出现。同时，小米还投入10亿美元，打造了小米电视影视库，获得了2016年西甲、英超赛事和奥运等的转播权，提高了体育节目内容的欣赏性。

2016年是体育大年，人们对体育赛事的关注度持续升高，欧洲杯搜索指数几乎达到上一届的2倍，奥运会PV量达到120亿，关注赛事的人群与小米电视的目标群众异常契合。

小米借助奥运会赛事的极高关注度，突出了自己电视体育内容优势，将百度SEM和DSP结合起来进行活动推广。其中，SEM广告主要负责搜索奥运会人群，抓住奥运期间爆发式增长的搜索流量；DSP广告则通过丰富的图文样式、多屏联动、精准定向，全面覆盖小米电视潜在目标用户，将活动涉及到最需要的人群。

结果，取得了不错的效果。数据显示，百度DSP无线+PC多频道曝光，SEM关键词锁定热点流量，从8月15日21：00—8月17日24：00，共计消费30万元，累计获得曝光1.3亿次，吸引71.4万人来到小米网站，远远超出了预期。

特征三：极高的共鸣度

体育赞助对象规模庞大且有针对性，在主要赛事中，现场观众数以万计，媒体观众更是数不胜数。即使是一些本地活动，只要组织良好，观众都会热情高涨，因此公司与目标群众进行有效沟通，是最有利于实现良好效果的。

体育营销的最大特点是公益性。体育是人类的共同事业，为体育运动提供赞助，开展体育营销，其作用是普通广告无法比拟的。

体育营销，能够将企业资源重新整合到一起。一旦将体育活动中体现的体育文化融入产品，就能实现体育文化、品牌文化和企业文化的融合，更容易让消费者和企业产生共鸣。

体育营销对公司品牌有着极大的促进作用。体育本身是有活力的、健康的、有拼搏精神的，企业需要与这种理念对接，提升品牌的正面形象。

在体育营销过程中，为了实现预期的效果，必须设定系统的计划来正确理解体育营销。中国是世界上发展最快的电力市场，对于世界杯来说，他们基本上不会开展营销活动，且对于某个细分市场也没有营销动力。

如今，体育赞助已经不再是笼统的媒体买卖了，市场占有评估的是一项资产的受众面和曝光度，影响力则反映了粉丝互动的深度和质量。共鸣度是三者中最关键的一个概念，表明了体育资产与赞助商之间的契合度。

大量例子告诉我们，深入分析一个项目对品牌商异常重要。此外，虽然主办方在吸引新品牌时，不得不想尽办法，甚至要屈服于“一切向钱看”的理念，但数据分析对主办方同样重要。因为，只有通过数据分析，主办方才能让体育资产实现利益最大化。

特征四：社交媒体价值高

社交媒体概念，最先出现在安东尼·梅菲尔德2007年《什么是社会化媒体》(*What Is Social Media*)一书中。它将“社交媒体”定义为一种给予用户极大参与空间的新型在线媒体，具有以下几个特征：参与、公开、交流、对话、社区化、连通性。

随着社交媒体的发展和社会网络的构建，信息传播进入了关系传播，一些社交媒体成为基于用户社会关系的内容生产与交换平台，把新媒体经济导向关系经济。如果说互联网的发展促使传播赋权，那么社交媒体就是促进关系赋权。

互联网的发展让社会对个体的赋权模式发生了方式转变，关系赋权作为一种全新的赋权机制，最大限度地激活了个体及其他关系的资源网络，从根本上改变了信息传播权力格局与游戏规则。

运用社交媒体做营销的心理学原理，就能充分利用人们在虚拟的社区中人际交往与关系的需要，在匿名化和碎片化的网络社会中向熟人征求意见和建议，通过基于熟人体系的社交媒体，重塑人与人之间的信任平台。从这意义上来说，社交媒体的成功正是基于这一心理学原理，并不断地为用户创造价值。

2016 年伦敦视觉分析公司 SnapRapid 宣布，在 2015—2016 年赞助费英超赛季夺冠的莱斯特城，虽然球衣赞助总赞助费只有 100 万英镑，但在社媒上创造了价值 1530 万英镑的曝光率。

品牌最重要的一件事就是会“讲故事”，而体育依然是最有效的载体之一。借助社交媒体，就能打造一个客户关系管理系统，将各类事件展示出来。之后，分析出谁对故事感兴趣，就能获得更具体的客户关系。

特征五：曝光度极高

随着众多体育项目全球曝光度的增加，即使是一次体育赞助活动，也能转变成一场全国范围的营销活动。

体育赞助中，最重要的因素不是投资回报率，而是曝光回报率。因此，企业或品牌完全可以使用一定的战术营销计划，针对不同市场，推出不同语言版本的营销方案。如此，品牌商还能规避一些不利的市场环境，将关注点放在新兴市场的发展上。

案例：

网球是一项美丽而激烈的运动，与这项运动搭配的是梅赛德斯·奔驰的奢华品牌气质，优雅沉稳，性能高品质。自20世纪90年代以来，梅赛德斯·奔驰在寻找符合自身品牌气质运动方面一直都非常准确，并一直致力于全球网球行业的发展，已有30年的时间。从与ATP的初步联系，到2008年与中国网络协会建立合作关系，梅赛德斯·奔驰已经将体育赛事的营销成功地传播到中国。

幸运的是，中国网球运动员也渴望参加比赛。名将李娜的崛起激起了中国人对网球的热情，引起了众多爱好者的关注，坚定了梅赛德斯·奔驰赞助中国的决心。十年过去，虽然李娜已经退役，但梅赛德斯·奔驰已经为中国建立了一个成熟的网球锦标赛。

2017年的中国网球锦标赛，梅赛德斯·奔驰涵盖了星徽尊享、赛事活动、生活方式和社会福利的各个方面。同时，它还利用更丰富的模型阵营和现场互动，实现了用户的近距离体验，找到了时下年轻人追求时尚、运动的个性。同时，梅赛德斯·奔驰还主动发展青少年网球，为中国网球的发展提供综合平台，通过一系列专注于网球的工作，让梅赛德斯·奔驰获得意想不到的营销效果，提高了品牌曝光度。

第六章　数字营销时代体育营销的三个关键

关键一：品牌核心价值与赛事精神相吻合

体育营销的第一个关键是，无论品牌赞助什么项目，核心都是品牌核心价值与体育赛事的价值吻合，如此才能真实反映品牌的精神。而最符合奥运精神的品牌，可口可乐当之无愧。

与体育有关的品牌很多，可口可乐之所以能胜出，关键在于广告设计中传达出的品牌内涵。具体说来就是，奥运崇尚的是“更快、更高、更强”的精神，而可口可乐的核心品牌价值就是“乐观、分享、年轻、积极向上”，二者正好契合。

可口可乐与奥运会保持了多年的体育赞助关系，在积极向上的体育情景中，消费者很容易就能认识到可口可乐的品牌内涵。

再如，红牛。红牛的口号是“红牛给你翅膀”，表达的意思是：

红牛是个让人兴奋的品牌。那么，如何才能让消费者一提起这个品牌，就能体会到兴奋感呢？基于这样的品牌价值与品牌内涵，红牛进行体育赞助时选择了极限运动，如跑酷、跳伞、滑板、漂移、冲浪、自由式山地车等，因为这些运动和红牛功能性饮料的定位比较契合。

2012 年，奥地利跳伞运动员菲利克斯·保加拿为了对超音速发起挑战，从 24 英里的高空一跃而下，You Tube 进行了直播，吸引了 800 万人次同期观看，几乎是 2012 年夏奥会期间 You Tube 观众峰值的 16 倍。

在菲利克斯的热气球、降落伞包、座舱上都印有红牛的标志，于是，当想起菲利克斯挑战极限的惊险一幕时，人们就会想起红牛，红牛的品牌形象自然而然地就占据了人们的脑海。

这就是体育赞助中品牌契合度的巨大魅力！

关键二：核心赛事的 IP 赞助和重度参与

在信息过载的时代里，要想在短时间内捕捉、聚焦注意力越来越难，但体育具备这样的特质。而且，不同体育项目、不同体育事件背后的人群，还能够清晰追溯。对企业来说，特别有价值。

举例来说，2007 年，加拿大的丰业银行涉足体育营销，开始实施“冰球战略”，将企业定位于“冰球的银行”。目前，在体育赞助方面，丰业银行已经赞助了国家冰球联盟（NHL）、NHL 百年庆典活动、NHL 传承经典赛、斯坦利杯季后赛、斯坦利杯决赛、NHL 颁奖典礼、NHL 在加拿大的全部七支球队等。

此外，在十多年的时间里丰业银行还占领了一系列核心赛事 IP 资源，将冰球与企业的关联落实到了长期战略中。借助冰球赞助的影响力，吸引了众多热爱冰球运动的年轻群体，为企业储客及后续转化奠定了基础。

总之，赞助核心赛事，不仅能获得品牌曝光，更能将企业的所有营销活动都整合到一起，让体育赞助贯穿到整个经营过程中，鼓励品牌的目标消费者参与其中，维护好消费者关系。

关键三：聚焦目标群体，与群体建立互动

移动互联时代，企业与消费者互动的关键是，调动消费者的分享意识，精准聚焦目标群体。在这个特殊的年代，人们更喜欢在移动设备上观看体育赛事，因此企业品牌商与消费者更容易建立多样化的互动模式。

企业要聚焦目标群体，主动与群体建立互动关系。一方面，可以在线上与媒体资讯平台合作，为庞大的用户群体提供全方位的赛

事内容；一方面，可以在线下派出代表，与目标群体一起参与赛事，为观众提供贴心的服务。

2018年平昌冬奥会期间，顶级赞助商之一宝洁延续了此前“感谢母亲”的奥运营销主题活动，推出了6条广告宣传片，让观众从母亲的角度目睹了奥运选手的艰苦成长历程。值得一提的是，代言人中还加入了首位公开同性恋身份的极限运动奥运选手——肯沃西（Gus Kenworthy），凸显了尊重平等、反对歧视的价值观。

消费者每天都要接触大量碎片化信息，很难对某个具体的对象产生特殊感情，但体育迷却对自己热爱的赛事、俱乐部与运动员有着极强的黏性与忠诚度，企业进行营销推动时，只要形成线上线下互通的营销方式以及对位的媒体传播，就能成功博取眼球，大大提升群众对品牌的接触度和认识度，继而提高购买转化率和反复购买率。

中篇 ▶▶▶

各行业玩转体育营销

第七章　汽车企业始终是体育营销的主力军

近几年，体育营销在中国的风头大增，体育赛事逐渐成为人们关注的热点，对营销手段异常敏锐的汽车品牌也借助体育营销的大势，努力寻找着品牌的突破口。

从体育赛事自身特点来看，积极健康、自我突破的品质有助于增加品牌活力和好感度；同时，各类体育赛事还有着参与感和社交性，借助大型 IP 赛事，可以为汽车品牌带来现象级的关注度。

体育赛事有着极强的覆盖城市市场能力，一场体育赛事带来的选手和观众对品牌的好感度是很难磨灭的。体育赛事更像是一场由数万人参与的真人秀，每个参赛者都是意见领袖，通过核心人群、观赛人群、传播人群以及众多媒体，就能形成环环相扣的品牌影响力闭环，使品牌辐射出去。

一、典型案例

1. 马拉松赛场，汽车品牌永远最显眼

宝马是目前最热衷于赞助马拉松赛事的汽车企业之一，而他们的一个非常重要的赞助对象就是世界马拉松六大满贯之一——柏林马拉松。从 2010 年开始，宝马就成为柏马的冠名赞助商。宝马之所以要选择这场以世界纪录频出而闻名于世的“世界最快马拉松”，也是有原因的。

多年来，宝马一直致力于全面电动出行战略。比如，宝马 i3 凭借极具创意的驾驶乐趣、可持续性、适宜城市出行等特点，借助智能互联科技，全球销量大幅提升。数据显示，2017 年，宝马电动车型的全球销量多达 10 万辆；预计到 2025 年，宝马会在全球范围陆续推出 25 款新能源汽车，包括 12 款纯电动车型，促进全球电动的出行潮流。

值得关注的是，宝马还以其他方式不断地拓展对跑步活动的支持。2017 年 7 月，宝马引进了美国著名接力赛 Hood To Coast（胡德至海岸），推出了“2017 BMW 越山向海人车接力赛”，体验式营销在中国全新升级，将宝马与跑步运动的结合提升到新高度。

除跑步之外，宝马还参与了马术、高尔夫、帆船等运动项目，向不同人群提供了丰富的品牌体验。更多人与宝马品牌亲密接触，

深刻感受到宝马品牌的运动激情以及对突破自我的不懈追求。

其实，宝马早在1972年慕尼黑奥运会，就“委任”品牌首款电动车宝马1602e担当马拉松项目引导车，将新能源电动汽车和马拉松结合在一起并深入传播。

在我国市场，宝马2013年推出宝马i3车型，开始赞助上海国际马拉松赛事。这种做法明智果断，让竞争对手无缝可插，实现了行业地位与社会（消费与价值）的认同。

在马拉松的浪潮中，汽车企业首先要借助科技的进步，其次是提高自己的发展观和价值观，最后做好科技与发展观、价值观的应用场景。唯有如此，才能营造出合适的应用场景，才能在这场争夺战中占得先机并脱颖而出。

宝马以运动的名义将情感纽带传递，与其战略目标一脉相承。

2. 汽车品牌与冰雪运动的跨界结合

2018年的冬天，宝马品牌战略升级，大力推广冰雪运动，实现了用户体验活动的创新。3月10日，“BMW热雪盛典”在张家口崇礼火热举办，“2018年BMW超级热雪攻略”圆满收官。

“2018年BMW超级热雪攻略”2017年11月启动，与全国10家星级雪场开展了深入合作。其以打造用户体验为中心，设计了线上、线下全方位的立体体验项目，为全国数百万滑雪爱好者提供了冰雪激情与乐趣。比如，周末举行的“热雪之旅”，特邀 14 位国际三星和四星级滑雪教练为雪友提供教学指导，让个人滑雪变成一群人的冬季狂欢。

作为不断探索的象征，宝马 X 家族与冰雪运动的精神异源同流，为客户和粉丝提供了另一种“雪地飞行”的动感与激情。宝马还推出了“热雪驾趣”，把专业试驾场地开进雪场，每个人都可以在宝马精心设计的赛道上亲自体验宝马 X 家族车型，深入了解“全路况，全掌控”的宝马 xDrive。

“BMW 超级热雪攻略”为各类人群提供了层次丰富的悦行体验，从滑雪新手到高手都能从中获得非同一般的激情体验，在滑雪爱好者中引起了巨大反响。

平昌冬奥会期间，宝马和 CCTV-5 体育频道联合打造了《热雪梦想》宣传片，共同推广冰雪运动。宝马通过和 CCTV-5 以及各大媒体的合作，“BMW 超级热雪攻略”得到了近 7000 万人的关注，促成 158 万次主动搜索。

在全球，宝马与体育、冰雪运动都有着紧密的联系。从北美到法国、从瑞士到日本，宝马努力为滑雪爱好者点燃白色速度与激情。宝马以契合时代精神和精英文化的方式为消费者带来了无可比拟的品牌体验。

二、汽车企业如何玩转体育营销

1. 找准赛事契合点，让营销真正发力

近几年，通过赞助马拉松赛事，汽车企业固然能收获一些知名度，但并不是每个品牌和赛事的结合都能恰如其分。车企的赛事营销，要根据自身的品牌调性来进行，只有找准体育精神与汽车理念的契合点，才能形成“1+1>2”的影响力。更重要的是，要让自己的品牌精神、拳头或主力车型全程融入运动赛事中，与赛事相关联。

在这一方面，吉利汽车在冠名赞助“向上马拉松”中国公开赛时的表现可圈可点。

2015年起，吉利汽车旗下的帝豪家族便与“向上马拉松”结合做体育营销。马拉松倡导的“不惧挑战、勇于攀登、不断拼搏”的精神，与吉利帝豪家族所展现的“向上精神”相得益彰，很好地将品牌理念、赛事和用户连接了起来。

吉利汽车的这场体育营销助推了帝豪家族销量的激增。吉利新帝豪长期稳居轿车销量排行榜TOP10，与合资品牌车型比肩。而帝豪GL上市仅一年，累计年销量已突破10万辆，这一表现在国内自

主品牌轿车中独领风骚。

目前，包括 A 级三厢车、A+ 级车、跨界 SUV、新能源车在内的 A 级细分市场，都已经被帝豪家族所覆盖。吉利汽车正在用自己的“向上”力量谱写着中国车市传奇，用令业界瞩目的“吉利速度”挑战中国品牌“向上”新高度。

2. 持续性的赛事，才有持续的影响力

体育赛事营销能否取得最佳传播效果，除了品牌所属领域的调性与体育之间是否相称外，还有一个关键点就是，能否给用户留下深刻、持续的印象，能否保证用户对品牌的关注度、喜爱度的持续性。

体育赛事营销是一个周而复始的循环过程，需要对消费者进行波段式的刺激，持续性的体育赛事营销才能让品牌在群众心中扎根。在这一方面，吉利汽车就走在了前面。

吉利汽车不仅连续赞助了“向上马拉松公开赛”，还继续冠名了 2017 台州国际马拉松，这是吉利汽车第三次赞助这项赛事。台州是吉利汽车的发源地，见证了吉利汽车马拉松式的成长历程，其不断奋斗进取的品牌精神正是吉利汽车反复传递给消费者的。

企业冠名、赞助体育赛事，有利于赛事的成功举办，而体育赛事也是车企展示自身品牌的良好时机。两者持续巧妙结合，就会带

来长久的双赢结果。吉利汽车长期助跑体育赛事，从一定程度上助力了汽车销量的持续上扬。数据显示，吉利汽车 9 月份总销量已突破 10 万辆，完成了全年目标 110 万销量的 75%，在不断刷新自己销量纪录的同时，稳步占据了自主品牌佼佼者的位置。

第八章　航空企业体育营销热情不减

2017 年，无论是在国内市场，还是国际市场，航空企业在体育营销领域内都有着较为稳定的曝光率。

在国内，中国国际航空公司（简称国航）是航空企业最风光的一家。2017 年 8 月 23 日，国航与北京冬奥组委在北京顺利签约，国航成为“北京 2022 年冬奥会和冬残奥会官方航空客运服务合作伙伴”，享有标志和称谓使用权、广告媒体活动权、市场开发支持等权益。

同时，与国航同属国内四大民航公司的东方航空、南方航空和海南航空，2017 年的体育营销也是战果辉煌。比如，东方航空赞助了 2017 年斯柯达环法上海巅峰赛，为赛事提供了包括比赛选手运输保障等多种服务；南方航空与澳大利亚澳式足球联盟俱乐部阿德莱德澳式足球会展开合作，开拓了国际市场；海南航空则投入 3500

万美元，对法国高尔夫公开赛提供了赞助，期限为 5 年。

除了四大民航外，更多的国内航空公司开始涉足体育营销。比如，天津航空为天津“第十三届全运会”提供了赞助，还与内蒙古体育局在航空、体育及旅游等方面展开了进一步合作；四川航空则为本土的体育运动与赛事提供赞助，不仅与四川男篮合作，还先后赞助了在成都举办的“第十六届中国围棋西南棋王赛”“2017 亚洲国际象棋个人锦标赛”，进一步提高了川航在本土市场的影响力。

一、典型案例

1. 国航：奥运航空

说起国航与体育的联系，许多人都会想起“奥运航空”的身份——国航。该公司曾经是 2008 年北京奥运会的官方航空客运合作伙伴，其实国航与奥运的渊源在很早之前就已经开始了。

1984 年，我国运动健儿重新回到奥林匹克大家庭，参加了当年在美国洛杉矶举行的第 23 届奥运会，民航北京管理局飞行大队负责承运，其实就是国航飞行总队的前身。

1988 年，中国国际航空股份有限公司在北京正式成立，之后的几十年间，国航一直都是中国奥运代表团航空指定承运人，跟随北京奥申委经历了多次申奥过程。

借助这种深厚的奥运渊源，2004 年，北京奥组委将国航作为官方合作伙伴，国航借机开展了一系列奥运营销活动。

国航的营销活动是从内容层面开始的，随着奥运开幕的临近，逐渐进入服务层面。2005 年，国航推出了奥运口号征集活动；2006 年，先后喷涂了“北京奥运号”“奥运吉祥号”各三架飞机并开始巡飞。数据显示，这几架飞机在上海、成都、杭州、重庆、呼和浩特、广州、青岛、沈阳等八个城市的首飞活动，共承运旅客 2027 人次，收入 1 583 202 元，客座率为 84%，比各条航线同期航班的平均客座率高 15% 以上。

加深消费者对国航“奥运航空”身份的印象后，国航就将这一品牌形象融入了自己的销售业务中。2006 年年底，为了扩大其“新两舱”的宣传与销售，国航推出了“新两舱”旅客迎奥运纪念品回馈活动，又分别针对其电话销售业务、大客户和知音会员群体开展了奥运纪念品赠送的促销服务。

2007 年，国航加大了营销力度，与其他北京奥运赞助商合作开展了大型客户奖励活动，参与活动的企业主要包括柯达公司、松下电器、大众奥迪、中国石油、中国移动等。同时，与中国银行缔结奥运战略联盟，推出了奥运 VISA 联名信用卡。此外，国航还将公益元素融入营销活动，组织国航知音会员开展了奥运主题植树活动，展现了企业的社会责任感。

奥运营销为国航带来的收获可喜可贺。在世界品牌实验室发布的 2008 年度 (第五届)《世界品牌 500 强》排行榜中，国航位居第 419 名，入选《世界品牌 500 强》，是中国民航唯一入选的航空公司。国航成为北京 2022 冬奥会的官方合作伙伴，成了“双奥航空”。

2. 南航：亚运航空

南方航空虽然没能涉足奥运会，但依然积极寻找着自己的体育营销领地——2010 年广州亚运会。

2009 年，南航成为“2010 年广州亚运会”的官方合作伙伴，从合作关系的确立到亚运会正式开幕，只花费了五百多天的时间。南航采取新的营销方式，不仅有利于“亚运名片”的推广，还能兼顾业务拓展。在签约仪式上，南航直接启动了“中国亚运空姐招募大汇活动”，在国内招募了 400 名空姐，经过严格的培训，直接为亚运会提供承运服务。

其实，早在 2006 年南航就采用了全国海选、电视选拔、社会媒体跟踪报道的方式在全国范围内公开招聘空姐，开创了中国大陆航空公司空乘招聘的先河。有了前几届选拔大赛作为基础，“亚运空姐招募大汇”的关注度更高，报名者多达五万多人，最终 339 位女生脱颖而出，成为南航准亚运空姐。不仅如此，准空姐还出现在南航后续的亚运营销活动中，在亚运倒计时一周年活动上，担任礼仪人员。

南航发布了“亚运号”喷涂机，并指派它成为亚运圣火火种的承运机；同时，还对其会员推出了“南航明珠亚运纪念卡”，与印尼鹰航、马来西亚航空等合作伙伴一同开展了宣传工作，利用亚运会名片，进一步提高了南航在亚洲的影响力。

2010 年《南航年报表》显示，当年旅客运输量为 7646 万人次，比上年同比提高 15.36%，连续 32 年位居国内航空公司之首，稳居亚洲第一。另外，南航 2010 年的盈利水平也达到历史最高峰。不可否认，这个业绩与南航的亚运营销策略密不可分。

二、航企如何玩转体育营销

1. 丰富服务内容

要想吸引消费者的关注，就要为他们提供丰富的服务内容。在这一方面，汉莎航空做得就比较好。

汉莎航空（以下简称汉莎）曾经位居德国民航业的老大地位，柏林航空（以下简称柏林）位居第二，后来由于经营不利，只能停止运营。最后，汉莎以 2.1 亿欧元（约合 2.49 亿美元）收购柏林。汉莎在德国的市场占有率本来为 68%，收购柏林后，进一步巩固了其德国境内的主导地位。

汉莎对国内市场的专注程度由此可见一斑。其实,“专注”也是汉莎在体育营销中的宗旨，即赞助对象“少而精”。与其自身定位匹配的是，汉莎选择了同样在德国的体育世界中占据主导地位的运动——足球。

2004 年，汉莎成为德甲豪门拜仁慕尼黑的官方航空公司，成为德国国内赛事以及欧冠联赛的承运方。在这一合作中，汉莎将自己的品牌扩展到了拜仁主场，同时获得了借助俱乐部开展营销活动的权益。

跟多数从事体育营销的航空公司一样，汉莎也曾推出过“拜仁”主题的广告和喷涂机，甚至还开展过针对拜仁球迷的抽奖活动，设置了各类奖品：前往慕尼黑的往返机票、拜仁主场球票等。

在十多年的合作中，汉莎还进行了一些创新。比如，2016 年 4 月为了减轻乘客在中长途飞行后的疲劳，汉莎在机上媒体推出了教学视频——“空中有氧运动”。此视频只有 5 分钟，由托马斯・穆勒、耶罗姆・博阿滕和哈维・马丁内兹等球员教乘客在飞机上进行肌肉放松。视频内容以足球场为背景，还配有解说员。乘客就像是在观看一场足球比赛，互动欲强烈。

如今,“空中有氧活动”计划仍在持续，只不过场景不再是飞机上，而是慕尼黑机场，教乘客在登机前进行充分热身。拜仁球员也出现在现场的大屏幕中，乘客可以跟着他们的演示一起做运动。球员与乘客之间的互动充满了德国式的技术含量，活动现场的传感器和摄像头会把乘客的动作记录下来，动作规范与否一目了然，球员会根据这一结果来对乘客的运动进行评价。

这种营销活动，有利于消费者记住汉莎的“拜仁赞助商”身份。但汉莎的目的远不止于此，他们还充分借助拜仁的国际影响力，开展了针对国际市场的营销活动。

世界范围内的体育赞助都少不了航空公司的身影。在欧洲几大足球联赛的顶级球队里，出现过多家航空公司的身影。阿联酋航空、英国航空、土耳其航空、卡塔尔航空等都是体育赞助的常客，这些航空公司都有一些比较好的赞助案例。

（1）阿联酋航空的独特摄像机

2013 年，阿联酋航空赞助了法国网球公开赛（简称法网）。他们设计了一个杯具一样的现场曝光创意，把法网现场上空的摄像头做成 A380 飞机的样子。“飞机”被吊在现场上方约 45 米的高度，吊着“飞机”的钢缆长达 350 米，贯穿整个场地。该“飞机”完全按照真实飞机的样子缩小，重 60 千克，长 2.8 米，大约用了 2 个月的时间才建好。真实的 A380 飞机每天有两个航班飞往巴黎。

网球公开赛上空经常会出现摄像头，从多种视角拍摄照片。但是把摄像头做成飞机的样子，阿联酋航空还是第一家。该摄像头每天在法网赛场的上空移动，样式独特，吸引了众人的关注。虽然个头比较小，但是人们依然对如此小的飞机产生了兴趣。

（2）土耳其航空的“球迷眼睛”

土耳其航空非常注重体育赞助，在他们所赞助的赛事和队伍中，包括欧洲篮球冠军联赛和几个欧洲的足球俱乐部。

2012 年，土耳其航空冠名赞助欧洲篮球冠军联赛。在这次比赛中，进行了一个独特的结合数字和社交媒体的活动——“球迷眼睛”。

欧洲篮球冠军联赛是欧洲最高水平的篮球比赛项目，联赛每季包括 24 个来自至少 12 个国家的球会，并在每年的春季最后比赛加冕冠军队伍，因此，全世界有大量粉丝。该活动是让世界球迷更全面地看到比赛现场发生的事情，而不是只局限于传统的电视转播。

在最后比赛的现场，土耳其航空的每个工作人员都佩戴一个摄像头（主要在头部的帽子上），深入到现场、更衣室，拍摄各种内容。之后，上传到土耳其航空的社交媒体账户（推特和脸书）和一个专门的网站上，供球迷观看。重要的是，球迷可以在社交媒体上表达自己的想法，工作人员会按照球迷的意愿，拍摄到相关炫酷的内容，真正实现“球迷眼睛”的概念。上传到社交媒体上的视频，可以下载使用和再次分享，只要加入水印即可。

数据显示，该活动的脸书 APP 被访问了 15 万次；账号上的照片和状态更新，三天内就收到了超过 15 000 次的点赞。并且，所拍摄的视频还在 199 个国家的电视上进行了直播，全世界内影响到 1.6 亿人次。

2. 提供个性化产品

现今，航空公司产品的预订和服务已经完全实现了自动化，但这也让航空公司的服务失去了人性化。那么，如何才能为旅客重塑人性化服务的体验？依然依靠技术手段。

（1）适当的时间提供适当的产品

现在，航空业还有明确的机会窗口，创新型的航空公司需要采用数据驱动的个性化服务来控制全球市场。只要以数据第一为战略重点，航空公司就有机会大幅度增加附属收入，降低服务成本，提高可持续的客户忠诚度，获得新客户。

对于许多航空公司来说，附属收入已经成为公司的主要收入来源。但是，该数据很难统计，因为各家公司对此都有着不同的定义。咨询研究公司 IdeaWorks 虽然统计过航空公司可选服务的收入，比如：机场上销售食品和饮料、托运行李、高端座位安排、优先登机等，但不管如何计算，该数字都证明了其中蕴藏的巨大潜力。

如今，“在适当的时间提供适当的产品给适当的旅客”已成为许多航空公司的口头禅，可是真正落实到实处的却少之又少。尤其是涉及附属产品和服务如何真正满足客户要求，实现个性化，更是难上加难。

多年前，美国航空公司引进了托运行李收费项目，托运行李收费也就成了航空公司实施附属收入战略必经之路。但是，如今航空公司要想更上一层楼，就要为旅客提供个性化的附属产品和服务。

当乘客听到附属产品和服务时，第一个反应一般都是收费高，质量不怎么样。让旅客支付额外的费用，确保他们可以跟家人坐在一起，不是服务而是“惩罚”，行李托运收费也不会让这一段旅程更舒适。

同时，航空公司提供的附属产品和服务往往不是出于自身的核心竞争力，有时需要依赖高质量的第三方服务提供者。瑞士的Epteca 就是其中一家。它与旅游供应商合作提供附属产品和服务，解决了旅行中出现的一些问题，如针对带幼儿的旅客，给酒店房间安排尿布，在商务旅客到达后不久，就能将必备旅程安排好。

（2）不是营销，是渠道互动

要想满足乘客的所求，航空公司需要知道他们的喜好，还要衡量每个客户的个性需求。2015 年，SITA 公司对航空公司做过一个 IT 趋势调查，结果表明，82% 的受访航空公司需要投资提供个性化的解决方案；甚至连支线承运人也开始专注于提高综合服务水平，关注人们的旅行模式和历史记录，为他们提供合适的产品。

波特航空公司，采用了与众不同的做法，推出了新的常客忠诚项目：通过社交平台回答乘客的提问，与乘客进行交流和沟通。通过访问社交媒体的方式，对未来旅客的个性化需求有了一定程度的了解。

为了让乘客打发多余时间，飞机上都放置杂志，可是多数乘客却不会主动阅读。为了庆祝其圣保罗—米兰航线运营 35 周年，巴西塔姆航空公司在当天的航班上为乘客提供了个性化的杂志：该杂志使用乘客的照片创建，封面是乘客自己的照片，旅客对杂志的内容一目了然，极具阅读性。

调查显示，97% 的乘客会携带移动通讯设备登机，这就打通了一个与个人沟通交流的渠道。首先，旅客一般都想了解航班动态，航空公司就能利用这个移动通讯设备增进旅客体验。如果某位旅客正坐在中间的座位上，靠过道的旅客因有事行程取消了，他想坐到靠过道的座位，工作人员即使无法帮他变更座位，也可以在其他方面有所作为，比如：餐食升级、行李免费、优先登机等。

个人的沟通交流渠道可以帮助工作人员了解客户的情况。比如，为了简化值机流程，维珍航空推出了数据驱动的个性化通信方案，向客户发送有用信息，在航班飞行之前为他们提供定制服务。再如，新加坡航空为乘务员引入了基于平板电脑的移动应用程序（APP），为乘客提供更个性化的客户服务。

即便如此，如今的飞行体验仍然和客户旅程的其他环节脱节，因为多数航空公司没有机制将客户信息提供给他们的客舱乘务组。可见，想要提供个性化服务，航空公司依然任重而道远。

（3）勇于革自己的命

航空公司需要通过不同的渠道和设备来了解客户的需求，并按客户的需求来提供具有个性化的产品和服务。航空公司要按照客户的方式和客户打交道，这才是个性化的真正意义。那么，怎样才能真正了解客户呢？创建和存储大量客户数据，通过聚合、分析数据，创造相关的业务价值。如此，才能为客户提供个性化服务，才能把握销售机会。

如今，航空公司是第一个拥有兆字节客户数据的公司，包括客户的购买行为、值机和行李拖运历史、机上服务购买选择项等。通常的旅客服务方案是：航空公司对乘客数量进行分析，之后为其提供个性化体验。

2013年，SITA推出了第三代客运服务系统——Horizon，系统包括一个旅客忠诚度模块，范围涵盖了整个乘客的管理过程，包括预订票务、座位管理、商业情报、值机和离境控制等，其中最主要的功能是发现常旅客的购买行为和旅行习惯。全球各地的承运人正越来越多地利用自己的客运数据，想方设法地了解客户的购买模式和历史行为。

航空公司要做的是，将现有数据纳入整个系统中，提供全面的客户服务。这里有两个相互联系的关键属性：信息的实时性和全面性。信息的实时性是指在需要的时间和地点，可以访问当前的信息。比如，发现某人一直都在网站上看同一个航班，能否为他提供一个诱人的营销方案？要想做到这一点，不仅需要在第一时间做出反应，还要知道他的需求和想法，了解他的整体信息。

航空公司分析了客户的数据后，就能精确勾勒出他们的具体需求。当今时代，客户需要的不再是产品，而是解决方案。要想为客户提供解决方案，首先就要了解客户的需求。在这一点上，戴尔公司的做法值得我们学习。

把戴尔公司引向巅峰的理念就是满足个性化需求。戴尔完全按照客户的要求生产计算机，并向客户直接发货。比如，戴尔为福特汽车公司不同部门的员工设计了不同的电脑配置，当通过福特公司内联网接到订货时，戴尔就能在第一时间知道订货的是哪个部门的员工、他需要哪种电脑；之后，就会组装合适的硬件和软件，在最短的时间内送到客户手中。

其实只要将上面的“电脑”更换为“机票和其他产品”，把戴尔公司更换为某家航空公司，今后该航空公司就能傲视群雄。航空公司不能仅将自己的注意力集中在争夺市场份额和提高运作效率上，要认真思考如何提供个性化以及“量体裁衣”式的产品和服务。

比如，乘坐英国航空公司时，乘客利用谷歌地图，就能坐上全商务舱航班的虚拟座椅飞往纽约；在线用户只要在伦敦城市机场的360度照片上移动谷歌地图标记，就能体验到走上飞机的感觉；潜在旅客可以登上舷梯并向右转，查看英国航空客机A318的32座公务机的内景，还能穿过大门，进入为小型私人休息室，甚至可以到免税店和值机区域游逛一番。

客户能够看到其全商务舱航班的情况，这一创新举措，激发了客户的热情，提升了潜在客户的兴趣。

又如，从基础经济舱到头等舱的每个产品价格，到产品开发与为客户提供高端服务，达美航空都继续占据着业界领先的地位。达美以各种方式进行差异化管理，公司对于高端的定义就是：按照机票价格，提供最佳的综合体验。

可见，想要为旅客提供个性化产品和服务，最关键的就是提前掌握信息。航空公司可以通过各种渠道获得有关客户的信息，如通过监测客户在网上和不同接触点的行为，在旅行链成员（如航空公司、机场、代理人）之间共享信息等。

现在，随着智能手机应用程序的大力推广，一些以提升客户体验并增加商业收入的做法已经取得了重大进展。航空公司不仅能告知客户航班状况，还能让他们了解去机场的最佳时间和路线信息，以及飞机上食物和饮料服务等信息；如果航班不正常，航空公司还可以通过智能手机为乘客提供自助服务。

同样，飞机上互联网访问和 Wi-Fi 可用性也为旅行体验的提升提供了技术支持。基于乘客的背景与来自社交媒体的资讯（查看的内容信息），可以向乘客的移动设备提供空中个性化服务。比如，客舱乘务组可以通过空中连接系统来解决与旅游有关的个人问题；中转联程出现了问题，重新预订机票等。

此外，为了提高客户体验，机场也要积极开发智能手机应用程序，比如，停车场的信息和位置，饮食和购物设施等。甚至还可以研发蓝牙信标技术，通过触发智能手机的应用程序来为乘客发送信息（通知或促销优惠券等）。

第九章　体育营销是水企开拓市场的重要方式

数据显示，2010—2015年间，我国瓶装水市场的销售额从470亿元增长到1020亿元，涨幅为117%；销售量从260.08亿升增长到456.88亿升，涨幅为76%。预计到2020年，销售额和销售量将分别增长57.9%和34.4%，达到1800亿元和659.87亿升……

随着饮用水市场的逐渐成熟，市场竞争日趋激烈，品牌水企在市场上的较量已白热化，竞争战火已经蔓延到产品宣传、产能扩充、市场营销等各个领域。而伴随着竞争的加剧，各大水企之间的营销“赛跑”将呈现剑拔弩张的对峙。在经历过水种之争、价格战、渠道战之后，各大水企纷纷转战体育营销。

一、典型案例

1. 农夫山泉与“奔跑中国”

在众多马拉松项目中，最引人关注的当属“奔跑中国”马拉松系列赛。该马拉松系列赛是马拉松项目的第一个国家级 IP，由中国田径协会、中央电视台联合主办，开辟了一条促进全民健身发展的新道路。

农夫山泉是农夫山泉股份有限公司的简称，原名浙江千岛湖养生堂饮用水有限公司，成立于 1996 年，总部位于浙江杭州，由养生堂控股，主要生产和经营饮用水，在浙江千岛湖、吉林长白山等都建立有自己的优质水源基地。

农夫山泉作为健康饮水的倡导者，与“奔跑中国”达成战略合作，携手推进健康中国建设，提升健康服务供给，提高人民健康水平。两个国家级品牌对于健康理念的深度认同和践行，展现出了双方对于社会的责任感与使命感。

（1）坚持“天然、健康”产品理念，与国际接轨

经过剧烈运动后，为了维持身体内水和电解质的平衡，人体都需要补充含有矿物元素的天然水，因此国际大型马拉松的比赛用水一般使用的都是天然水和矿泉水，而不是纯净水。在 2017 年“奔跑中国”马拉松系列赛中，农夫山泉是赛事的唯一指定饮用水品牌，给赛事补充了 200 多万瓶包装水。

一直以来，“天然、健康”是农夫山泉坚持的产品理念。农夫山泉既不用城市自来水来生产瓶装饮用水，也没在饮用水中添加

任何人工矿物质。在水源地建厂、水源地灌装，所有的生产过程都在水源地完成，所有的农夫山泉都是天然的弱碱性水，水质成分科学，有利于人体的体能恢复与代谢循环，为马拉松赛事提供了很好的帮助和服务。

（2）提升健康服务供给，健康生活方式深入人心

在各站补给保障工作中，都能看到农夫山泉的悉心服务——志愿者不厌其烦地拧开每一瓶水，将瓶口的部分水到入纸杯中，方便比赛中的选手取用时保持奔跑速度，方便饮用，保证饮水时的奔跑安全。

（3）大战略思想需要小细节实施

在2017年马拉松的赛道上，农夫山泉多次遇到大雨，工作人员积极搭建帐篷，场景感人；根据天气、地域的不同，整合集团旗下各品牌，为选手提供牛肉棒、热茶等服务，着实暖人；志愿者不畏寒冷，坚持6小时微笑迎接，鼓励每位跑者……这些都体现了农夫山泉的人文关怀与气质形象，展示了他们践行国家战略、提升健康服务供给的决心。

无论是适时的健康理念传达，还是线上线下的深度互动，农夫山泉都用最诚实的诚意，将“健康”的饮水观念传递给参与者，用健康的生活方式影响国人的“健康中国”目标。

2. 百岁山：官方指定饮用水

景田公司成立于1992年，致力于瓶装、桶装饮用水的生产和销售，旗下拥有百岁山和景田等多个品牌。其中，百岁山拥有百岁山罗浮山脉生产基地、鳌峰山脉生产基地和苏格兰百岁山生产基地，还建有世界一流的生产厂房，配有数十条领先世界的全自动生产线和10条全进口德国克朗斯一体化灌装设备。

百岁山是水中贵族，生产用水来自全球优质的水源。公司建立了多个汇集生态、旅游于一体的水源生产基地，遍布亚洲、欧洲等地，水源供应充足。生产过程采用全球顶尖的全自动化无菌罐装生产设备，每瓶百岁山都拥有优良品质。

百岁山的产品销售网络不仅覆盖中国大陆，还远销加拿大、新加坡、美国、俄罗斯等多个国家和地区，并在海外市场取得了不菲的成绩和良好的声誉，多年位居中国瓶装饮用水出口量第一的位置。

百岁山天然矿泉水中富含人体所需的偏硅酸、钙、铁、锌、硒等微量矿物元素，能及时补充因运动时排汗流失的人体微量元素，为运动员在比赛中保持最佳状态提供了强有力的保障。

（1）北京鸟巢半程马拉松官方供应商

2015年，北京鸟巢半程马拉松赛在鸟巢鸣枪开跑，组委会与景田百岁山达成协议，百岁山成为北京鸟巢半程马拉松赛的官方指定饮用水，百岁山为本次赛事提供比赛物资和活动用水。

北京鸟巢半程马拉松由北京市体育竞赛中心、国际体育场有限责任公司、北京时博国际体育赛事有限公司共同主办，北京市田径协会、光明网光明乐跑共同承办。本次赛事只设半程马拉松项目，共有 8000 人参加比赛。

北京鸟巢半程马拉松提倡的“坚持不懈，超越自我”的马拉松精神，与百岁山“创新突破，成就冠军”的企业理念高度一致。景田百岁山用行动把二者完美结合起来，诠释了“行业冠军”的品牌内涵。

（2）签约澳网成为赛事官方指定饮用水

澳大利亚网球公开赛（简称澳网）拥有百年历史，近几年备受亚太地区球迷的关注。我国天然矿泉水品牌“百岁山”的卓越品质与澳网倡导的健康体育精神相契合，成为澳网官方指定饮用水。百岁山是第一家中国品牌与澳网签约成为全球合作伙伴，在澳网历史上具有划时代意义。

成为澳网赛事官方指定用水，不仅是一次品牌战略合作，也预示着百岁山对于海外市场的雄心和谋略，意味着百岁山在海外市场的布局又迈进了一大步。相信在未来，百岁山的身影还将出现在更多国际赛事上，在国际上树立独特的地位，赢得更多国际消费者的认可，在国际赛事上一展雄风，成为真正的国之骄傲。

二、水企如何玩转体育营销

1. 发力马拉松，创造绝佳营销场景

近年来，国家在政策上对全民健身进行了扶植，跑步类赛事纷纷涌现。数据显示，2017 年在中国田径协会注册的跑步类赛事多达 500 场。作为一项群众运动，马拉松也就成了水企推广品牌的最好场景。

2017 年 3 月的尼尔森数据显示，瓶装水六巨头依次为农夫山泉、华润怡宝、康师傅、百岁山、娃哈哈、冰露，占据瓶装水市场 80.7% 的份额，位居第一位的是农夫山泉。

2016 年 9 月 10 日，第一场悦跑活动在净月潭拉开帷幕，参与者是来自 15 个国家的跑步爱好者，共 4000 多名，康师傅优悦饮用纯净水成为比赛的唯一指定用水。

本次比赛由长春市体育局主办，全程共计 21.0975 公里，赛道围绕净月潭的环潭，参赛选手在参加比赛的同时，还能欣赏美丽的净月潭风光，呼吸雨后的新鲜空气，享受由康师傅优悦饮用纯净水提供的健康水分补给。

在活动终点处，康师傅优悦饮用纯净水设置了选手补水站、互动区及拍照留影区，供参赛选手在比赛结束后补充水分及合影留念。

康师傅优悦饮用纯净水，经过纳米级滤净，获得国际认证，是NBA中国官方合作伙伴，为多场跑步活动提供助力，吸引更多的人参与到跑步中。

2. 优质的赛事服务，激活体育营销

赛事服务，指的是为持票观众和注册人员提供的各项服务的计划和管理。具体职责包括：区域和场馆各处观众人流的设计、验票、引导、失物招领、人群监控和问询服务。为了提供服务质量，水企就可以成立一个部门，负责赛事服务事宜，为品牌营造影响力。

2017年5月斯诺克世界赛圆满落幕，作为世界斯诺克官方合作伙伴之一，昆仑山雪山矿泉水在赛季中，将赛事之力转化为品牌力，与目标用户实现了良好的互动，打出了一场漂亮的体育营销战。

数据显示，斯诺克的国内球迷约有7000万人，受众人群为1.2亿，斯诺克赛事的央视转播量位居第三，仅次于篮球和足球，成为最火热的体育大IP之一。

从2016年年底的斯诺克英锦赛开始，昆仑山雪山矿泉水就实施了一系列操作，通过短视频及海报等形式，将赛事战况在第一时间传递出去，将迷转化成雪山矿泉水的粉丝。另外，雪山矿泉水还获得了世界台联授予的球星评选权益，搭建了“昆仑山雪山矿泉水全球斯诺克 Fans Player”评选平台，让世界斯诺克 TOP16 球星为品牌呐喊，奠定了雪山矿泉水进驻国际高端赛事的基础，将赛事资产真正为品牌所用。

第十章　饮料品牌与体育运动之间有着天然联系

在 NBA 的运动场景下，饮料永远都是一个不可或缺的元素，球迷体验如此，财务数据同样如此。IEG 的数据显示，在 2014 至 2015 赛季所有的赞助品类中，软饮类品牌的赞助率更高，软饮类品牌的赞助概率是各品类赞助平均值的 3.8 倍，仅次于汽车类和啤酒类品牌。

一、典型案例

1. 红牛：极限运动的营销大师

红牛产于奥地利，但很多人却认为红牛是一个中国品牌，它是如何将自己的品牌营销做到如此地步的呢？方法之一就是做体育营销。

红牛的口号是“Red Bull Gives You Wings”（红牛给你翅膀），是个让人兴奋的品牌，其体育营销主要是为极限运动提供赞助，这一点跟红牛功能饮料的定位比较契合。红牛赞助多种极限体育运动，极大地巩固了自己的形象。

红牛的出现并非偶然。1987年奥地利人迪克·梅特舒兹（Dietrich Mateschitz）在香港看到一种受到当地人欢迎的饮料，灵光一闪，就把该饮料带回奥地利，之后命名为红牛。之后，通过体育营销方式，红牛在美国和欧洲迅速提高了知名度，美国销量甚至还在饮料市场位居第三，前两名是可口可乐和百事可乐。

如今，在全世界的功能饮料行业中，红牛是个重要的品牌。作为一家大型企业，红牛在体育赞助上投入了很大资金和精力。数据显示，2012年共为600多名世界运动员提供了支持，包括美国的120名，涉及160种不同的运动，营销上的投入只有收入的三分之一。

另外，红牛的体育赞助有自己的口味。虽然在像NBA篮球这样的常规运动中也能看到红牛的赞助，但是红牛还是更主要投资那些纷繁复杂、各种各样的极限运动。比如，滑板、自行车、跳伞运动、冲浪、赛车、摩托车等。红牛还购买了一支F1车队，叫Red Bull Racing——红牛车队，由英菲尼迪赞助。这支车队成绩比较好，红牛从中获得了很大的曝光。据说从车队那里获得的曝光所折合的价值，就抵掉了红牛在车队上一年的投入。

当然，专注于极限运动也不是红牛体育营销策略的全部内容，另一个赞助方法是创造赛事活动，进行内容营销。红牛经常会出资举办一些体育赛事或活动，普通人或运动员都能参与其中，继而提高品牌的曝光量。在红牛网站上，设置有一个版块，显示的就是当时正在举行的活动。比如：最近一段时间在香港及周边地区举办的活动数量，以及我国大陆的活动。

红牛用网站内容营销，没有将关注点放在商品展示和吸引购买上，主要侧重于各种精彩活动的报道。比如，在红牛美国网站首页上展示过一个滑板活动、摩托车车手 Tony Cairoli 在西班牙参加的一次比赛、高尔夫球员 Rickie Fowler 的最新动态等。此外，中国网站首页上还报道过一个纸飞机活动。

网站把红牛涉及的不同体育运动列在不同的版块里，还设置了单独板块，用来介绍赞助的运动员、赛事和活动等，其以图片为主的介绍形式，阅读速度快，容易给人留下深刻的印象，更容易达到传递品牌的目的。球迷爱好者或观众浏览网站后，就会将各种精彩赛事和运动员的信息跟红牛品牌联系在一起。有些红牛网站上，每幅图片都可以链接到运动员的单独页面上。

在红牛赞助的极限运动中，比较有名的是 2012 年菲利克斯·保加拿的太空边缘一跳。在这次挑战中，菲利克斯从 24 英里的高空跳下，打破了音速。红牛为这次极限运动专门配备了一个项目——Red Bull Stratos，现场聚集了众多水平先进的科学家、工程师和太空药材专家，不仅为菲利克斯制造装备，还会收集生理数据提供给科学界。

红牛虽然知道这种尝试中包含的风险，但一直都跟赞助的运动员保持着特殊联系，想要帮助运动员实现愿望。红牛和菲利克斯一共合作了 5 年，可以说红牛对极限运动的赞助完全做到了极致。

佳得乐是百事可乐公司旗下的知名品牌，年零售额为 10 多亿美元，畅销 80 多个国家。在全球体育赞助中，该品牌也是活跃的功能性饮料品类赞助商。

从 1984 年开始，佳得乐就成了 NBA 的官方功能性饮料合作伙伴。此外，该品牌还与其他主流的职业体育联盟、球队，如美国职棒、美国职业足球大联盟及 NFL 建立了合作伙伴关系，目前成为 12 个国家 55 个足球俱乐部提供官方功能性饮料的赞助商。

在 1988 年起，佳得乐就与迈克尔·乔丹签约，之后取得了很多成功，“飞人”乔丹为佳得乐拍摄的多支广告甚至还流传至今，产生了较大的影响。从一定意义上来说，佳得乐见证了乔丹的成长，是乔丹职业生涯乃至人生的时间坐标。

乔丹进入“名人堂”那年，为对他表示祝贺，佳得乐在芝加哥的 Margaret Hie Ding Lin 公园举办了一场名为“23 Then. Now. Forever”的商业活动。宣传招牌由 19200 个倒立的佳得乐瓶子组成，拼贴出了迈克尔·乔丹的经典造型，场面异常壮观，吸引了成千上万的人。这个大礼包额外包装是一个便携式保温箱，保温箱上印着大大的“23”，数字中间则是三个醒目的单词“THEN”“NOW”“FOREVER”，意思是“昔日”“如今”“永远”。内部共分为两层，上层是 4 瓶佳得乐限量版饮料，下层有 2 瓶，还有一条运动毛巾、一张录有乔丹本人声音的录音带。6 瓶饮料的包装各不相同，但足以概括乔丹截至目前的生命历程，“6”则是乔丹的总冠军戒指数目。

适逢佳得乐创立 50 周年，佳得乐又借势与乔丹推出了另一则广告。此次，乔丹不再是作为该品牌商业广告的“门面”出现，而是作为旁白者。最初该品牌与乔丹的商业广告片——“Be Like Mike”于 1992 年投放。虽然直到今天这个广告片的口号依然很突出，但是其 50 周年年庆的广告片已是新版的“Be Like Mike”，并由年轻运动员出镜。

（1）利用梅西和罗德里格斯与对手对抗

佳得乐为了与竞争对手葡萄适（Lucozade）产生差异化，并减弱对手在功能性饮料市场给自己带来的冲击，佳得乐在其全球足球花名册中又添入了新的运动员和俱乐部合作伙伴，并以此继续扩大该品牌的全球影响力。

佳得乐不仅与梅西续约，还吸纳了罗德里格斯，展开了一次全球性的足球营销活动，其广告片的主题是——签约球员努力在该项运动中创造“明确的身份”。该营销活动由 TBWA、Chiat and Day LA 广告公司共同制作，包括一个主题为“火上浇油”的 30 秒广告片，以及一个 90 秒的数字广告，广告中还出现了佳得乐赞助的国际足球俱乐部，比如：阿森纳、利物浦和巴萨等。此外，该广告还在社交媒体上进行了投放，利用梅西和罗德里格斯等球星带动活动，吸引大量消费者。

（2）从自身做起，设立办公室健身项目

佳得乐多年来一直激励员工制定个人健身计划。在 2014 年将该计划推进了一步，将该项目称为“G-Feat”。这个为期 6 个月的项目，让大约 150 名员工选择以下三种追踪训练方式：耐力训练、力量训练以及健身训练。该项目并非强制所有人参加，而是鼓励大家参与，并给予补贴以及训练项目支持。大约有三分之二的员工参与该项目。

佳得乐的高级副总裁布雷特·奥布赖恩（O' Brien）说：“我们从自身做起，将自己与消费者置于同等位置。”他自己也参与了耐力训练，并参与了铁人三项。“员工亲自参与训练，就能了解什么时候要补充功能性饮料，或者哪种口味还需要改进，没有第一手的资料，你就只能依赖别人的反馈。”布雷特·奥布赖恩说。

（3）推广全民健身事业，用汗水丈量决心

多年来，佳得乐积极在中国推广各类全民健身事业，相继赞助了2012—2014上海国际马拉松赛、NBA篮球国度，还在各地举办了3V3校园篮球赛、城市白领运动会等活动。既体现了佳得乐饮料对中国市场的高度重视，也让运动员及体育爱好者保持了最佳状态。

2014年11月2日，佳得乐是上海国际马拉松赛事的赞助商，为沿途20个补水站及各赛程终点进行给水服务。同时，上海百事可乐的员工、佳得乐品牌爱好者和跑步爱好者组成了第二季心能量跑团，是整个马拉松队伍中最具人气和活力的跑团之一。

在 2012 年，佳得乐是第一个发起组织民间跑团出征上海国际马拉松赛的官方赞助商，充分展示了佳得乐在推动全民健身事业发展方面高度的社会责任感，也通过马拉松这种形式把“决胜于心”的品牌精神传播到更多爱好运动的朋友中。

在上海国际马拉松的赛事现场，佳得乐上海地区品牌负责人表示：“佳得乐在 2012 年，是首个发起组织自己民间跑团出征上海国际马拉松赛的官方赞助商，2014 年，佳得乐又组织了第二季心能量跑团活动，充分显示了其作为一个运动饮料品牌在推动全民健身事业发展方面的高度社会责任感，也期望通过马拉松这种形式，使佳得乐决胜于心的品牌精神影响到更多爱好运动的朋友。”

二、饮料品牌如何玩转体育营销

1. 注重多元化的产品开发

多元化就是指扩大产业领域，向不同的行业进军。比如，一个企业既生产服装，又开酒店，还要做房地产。多元化产品则是指此企业生产多种产品。比如，伊利乳业从传统的生产液态奶到液态奶、奶粉、冷饮三大类产品体系的建立和完善，再到酸奶产品的异军突起和奶酪产品的初露峥嵘，伊利的多元化产品体系也日益完善，确保提供多样化的乳制品以满足国内外消费者多元化的乳制品需求。饮料品牌如果想做好体育营销，也要重视多元化产品开发。

自戴利·汤普森之后，葡萄适在其广告中使用了许多偶像级的体育明星，包括奥运会田径100米金牌得主林福·克里斯蒂（Linford Christie）、利物浦足球运动员约翰·巴恩斯（John Barnes）等。每次起用新的明星运动员，葡萄适销量都会显著增加，到1988年，该品牌的规模已经是之前的2倍。

1990年，葡萄适推出了Lucozade Sport运动型饮料，进一步将其产品多元化。Lucozade Sport是第一款与体育运动队达成体育赞助协议的品牌，赞助名单中包括英国田径队、足总嘉宁超级联赛，以及迈克尔·欧文、强尼·威尔金森在内的英国知名运动员。

推出该品牌时，葡萄适聘请英格兰国家队和利物浦球员约翰·巴恩斯作为广告代言人。20世纪90年代，葡萄适又聘请了时任英格兰国家队队长的阿兰·希勒（Alan Shearer）作为其广告代言人。在2003年的营销广告中，葡萄适第一次做了充足的准备。这传达了一个简单信息：无论水平如何，无论从事什么体育运动，都需要提前准备！

2003年，英格兰队取得了橄榄球世界杯的胜利，当时该球队饮用的就是该款饮料，品牌代言人是 Matt Dawson 和 Jonny Wikinson。在为时100分钟的橄榄球世界杯中，运动员不仅保持了体力，还踢出了英格兰历史上最重要的得分球，更好地阐释了品牌的效果。之后，葡萄适又推出了一个子品牌——Lucozade Sport Hydro Active，获得巨大成功。这两款产品的区别在于，前者针对运动员，注重提升运动员的成绩和表现；后者针对的是日常从事体育锻炼的人群，为他们提供了一个与他们的生活态度和个性相匹配的品牌。

此外，从1992年开始，葡萄适便成了英超联赛的官方功能性饮料供应商，持续合作了20多年。在合作期间，葡萄适为不同的赛事提供了不同的品牌产品，不仅对比赛使用的饮料产品与日常训练的饮料产品加以区分，还与英超球队教练、球员紧密合作，实现了产品的测试和完善。

2. 适时推出限量版产品

说到限量版产品，很多人都会联想到苹果的饥饿营销。

所谓饥饿营销，就是商家用大量的广告做促销宣传，激发顾客的购买欲，然后采取一定的营销手段，比如：数量有限、时间有限等，让用户痴痴等待，激发人们购买的热情。

同样，自古以来都是“物以稀为贵”，越是量少的东西，越是价值非凡。在供求关系上制造出“供应略低于需求”的假象，营造一货难求的紧张气氛，也能刺激消费者的购物欲。

受2014世界杯启发，英国品牌葡萄适（Lucozade）推出了两款限量版的葡萄适饮料：一款在2013年12月20日推出，另外一款在次年1月6日推出。在世界杯年，他们发现电视收视和体育参与度的增长非常大，为零售商提供了巨大的商机，于是便将新研发的产品转化成实际收入。

此外，作为英格兰足球队的官方功能饮料供应商，在2014年6月份Lucozade Sport还推出了“世界杯同温区”活动。“同温区”是一个独特的5人制场地，业余球员有机会与巴西世界杯足球英雄在同一温度和湿度的条件下打比赛。一旦温度和湿度增加，运动员就会严重脱水、大量损耗能量，降低赛场表现力。在同温区的每场比赛期间，相关人员都会对运动员进行科学分析，证明这些条件对其表现的影响。为了确保该模拟区域给运动员进行准确的反馈，Lucozade Sport与STAT Sports合作，控制了一些变量，包括运动员的心率、奔跑的距离、核心温度等，继而判断该运动员是否适合参加比赛。

该品牌的赞助者创造出条件区域，帮助业余球员了解在体育运动中保持水分和补充能量的重要性，每个人都有机会看到他们的表现，继而理解在巴西赛场上作战的国家队球员的情况。

第十一章　酒类企业入局体育营销

当白酒企业在央视招标中的热度逐渐降温，为了与消费者沟通和接触，体育也就成了白酒企业新的营销阵地。而寻求体育明星代言，赞助体育赛事和体育综艺，更是成为白酒企业参与体育营销的重要方法。

在 2016 年 8 月的巴西里约奥运会上，郎平率领的中国女排在极其困难的情况下连克巴西、荷兰、塞尔维亚等强队，获得奥运冠军。而此时，郎酒抓住机会，率先与郎平签约，把握住了这次热点事件。连茅台的“掌门人”李保芳都承认茅台错失了签约郎平的机会。

2017 赛季，洋河梦之蓝成为中超联赛的赞助商。昆仑决是一档体育搏击类的综艺节目，在江苏卫视平台播出后，进一步提升了影响力。2017 年贵州习酒成为该档节目的官方指定用酒，借用了昆仑决的巨大观众基础和广泛影响力。

一、典型案例

1. 哈尔滨啤酒：从世界杯到 NBA 之路

哈尔滨啤酒（简称哈啤）是我国最早的啤酒品牌，但使用体育营销的时间比较晚。之后发生的一系列品牌并购事件让哈啤的营销思路发生了决定性转变：2004 年，美国酿酒商安海·布希公司收购哈啤多数股权；2008 年底，比利时啤酒公司英博完成对安海斯·布希公司的合并，百威英博公司成立，“哈啤”成为百威英博旗下的子品牌。

在母公司百威英博的强力推动下，哈啤开始大刀阔斧地进行体育营销。

（1）南非世界杯，提倡线下活动

2009 年年底，百威英博与国际足联展开合作，横跨 2010 年南非世界杯和 2014 年巴西世界杯。百威英博获得了两届世界杯官方会徽的使用权，对以“世界杯”为主题的大型市场活动进行推广和宣传。同时，百威英博还保留了世界杯酒精类产品的独家赞助权，将其拓宽到旗下的其他啤酒品牌，哈啤借机与世界杯结缘，成为我国第一个赞助世界杯的啤酒品牌。

为了让大家知道哈啤与世界杯的联系，2009 年 12 月 7 日，百威英博举行了一场盛大的发布会，正式宣布哈啤成为南非世界杯在中国的官方合作伙伴。此外，百威英博还邀请古利特作为哈啤的南非世界杯大使，到现场开展推广活动。

为了增强广告宣传效果，哈啤购买了央视黄金时段广告资源。广告主要传达两个信息：一是强调哈啤是南非世界杯的赞助品牌；二是突出哈啤冰纯的品牌特性。为了给观众留下深刻印象，世界杯比赛中场休息的广告时段，都是首先播放哈啤的广告。同时，哈啤还是央视世界杯栏目《豪门盛宴》的独家特约赞助商，每个广告时段都有哈啤的广告。此外，哈啤还在平面媒体、互联网及户外投放了大量广告，推出了世界杯特别包装和世界杯主题大篷车巡游。

2010年3月，哈啤和中央电视台一起启动了“哈足球，冰动南非”CCTV《南非行动》哈尔滨冰纯花式足球挑战赛。哈啤为中国球迷开辟了竞技和互动平台，将线上视频评选和线下趣味比赛结合起来，最终的8名优胜者代表中国赴南非参加“国际啤酒杯6V6足球锦标赛”。

哈啤邀请了古利特来到中国为赛事摇旗呐喊，还在官网上设计了“师从古利特”单元，进行在线足球技能的培训和挑战。央视世界杯特别节目《南非行动》，对花式足球挑战赛的盛况进行了全程跟踪。整个赛事的时长为4个月，覆盖全国50多个城市，约有7

万多人参加，6300 万人通过网络为选手投票。

此外，哈啤还结合世界杯专属瓶标开展了名为“瓶标藏酷奖，快用手机找”的抽奖促销活动。通过特定软件，用户将手机镜头对准哈啤世界杯专属瓶标，就能在手机上看到从瓶标到转为冰球，最终冰球融化呈现奖品的动态影像，增强了消费者在饮用哈啤、接触哈啤广告时的兴趣和乐趣，带动了啤酒爱好者的自主传播，巧妙地将企业与消费者之间的沟通转化为消费者之间的沟通，形成了客户增值效果。

（2）巴西世界杯，利用社交媒体讲故事

2014 年的巴西世界杯，哈啤依然是世界杯在中国的官方指定啤酒。凭借南非世界杯的营销经验，哈啤从 2013 年年底就开始围绕世界杯主题开展大型市场活动，包括与央视体育频道合作推出《酷动世界杯》栏目，制作世界杯主题广告推出世界杯系列纪念包装，世界杯主题大篷车路演，精彩纷呈的消费者活动等。

在巴西世界杯广告营销、线下活动的基础上，哈啤着眼于细节，提出了“尽情世界杯”的口号，用产品讲故事，社交媒体成为其最佳的传播平台。

哈啤将目标消费者划分为以兄弟情谊为核心的“哥们儿看球团”、以专业为核心的“球迷看球团”和以家庭为核心的“奶爸看球团”。在这三大男人帮中，又可以衍生出陪爱人看世界杯的“太太后援团”和拒绝孤单的“姐妹知音团”，来满足女性消费者的情感需要。

明确了人群划分，就要找到具有针对性的代言人。球迷看球团是世界杯的主力军，与黄健翔的合作，极大地释放了“资深解说+球迷”的威力，黄健翔的风趣幽默和在足球圈的号召力都对球迷产生了巨大影响。此外，哈啤还邀请孙红雷作为品牌大使，塑造了众多荧幕上的硬汉形象。同时，哈啤还专门打造了“够意思”主题游轮，在松花江启航，孙红雷亲临派对，跟家乡球迷一起来感受世界杯的氛围。

此外，哈啤还为几类人群专门打造了带有特定广告语的瓶罐包装，“哥们儿看球团”的“不喝不相识”“球迷看球团”的“挺到底做自己”“奶爸看球团”的“放假 33 天”“太太后援团”的“看球不带娃”以及“姐妹知音团”的“姐姐妹妹 high 起来”，每条广告语都让人印象深刻并且能够迅速激发品牌联想。

通过这几个切入点，哈啤“尽情世界杯”的话题在社交媒体上迅速发酵，最终的话题阅读量接近一亿，讨论量也超过 72 万。由此可见，哈啤通过社交媒体讲故事的营销战略取得巨大成功。

（3）与 NBA 合作，稳定发展

在世界杯赛场上尝到甜头后，哈啤没有将眼光局限在大型赛事的爆发式营销上，而是进行了更加持久的投入，积极地与 NBA 开展合作。

2012 年初，哈啤成为 NBA 中国的官方市场合作伙伴，邀请 NBA“大鲨鱼”奥尼尔作为“至酷大使”。同年的 NBA 中国赛前夕，哈啤特别开启了“至酷篮球英雄”活动。这一活动分为线上和线下两部分，线上的晒照活动在哈啤的官方微博开启，吸引了众多篮球爱好者参与。线上活动进行一个多月后，开始进行线下活动，让线上选出的 10 位“至酷篮球大人”进行篮球技巧比拼。同时，组织方还为 10 位选手拍摄了个人秀视频，进行网络宣传推广。线上线下相结合的方式让篮球运动与自己的品牌联系起来，既在民间推广了篮球，也让哈啤的品牌形象更加深入人心。

2014 年，哈啤启动了“3V3 酷爽嘉年华篮球赛”活动，在华北 7 座城市的百所学校巡回比拼，获胜的队伍在北京进行终极对决。开赛前夕，哈啤还特邀前 NBA 球星格伦 · 莱斯与球迷进行零距离接触，并对球迷的投篮技巧进行了亲自指导。整个比赛共历时一个多月，最终的获胜者得到了当年 NBA 中国赛的门票。

2014 年 8 月，哈啤与百比赫广告公司推出了全新的整合品牌传播活动。这一宣传活动以全国性的主题电视广告及户外平面广告为起点，提出“一起哈啤”的口号，进行了持续全年的数字与社交网站宣传活动，吸引了众多年轻人的注意。

“一起哈啤”不只是品牌路线，更是集结口号，也是哈啤作为啤酒品牌存在的理由。此外，在NBA比赛的电视直播中，比赛的地板上也会不时出现“一起哈啤”的字样，让哈啤得到了最大范围的品牌传播。

2. 剑南春白酒：借“大健康”玩转“小体育”

剑南春是中国传统名酒，产于四川省绵竹市，2015年剑南春主推核心产品金剑南，在央视体育频道CCTV5全力投放广告。

剑南春是目前国内酒业体育营销先行者之一，迎合了体育浪潮带来的影响。那么剑南春是如何通过自身优势，玩转“体育营销”的呢？过去的十多年，剑南春采取了“大品牌，大营销”的方式来开展体育营销活动，具体操作如下：

（1）赛事冠名

赛事主办方一般都会很识趣地将赛事的重头戏之一的颁奖环节留给赞助企业以表达谢意。此外，赛事过程中或结束后也会出现各种饮用白酒的场合，这时也是赛事赞助公司唯一的与潜在消费者零距离接触的机会。

（2）品牌植入

对赛事场地，使用企业主画面、主力产品展架、运动员胸牌背牌、横幅等做大面积的、无孔不入的广宣物料布置，植入品牌广告，做好宣传，这是多数中小白酒企业的做法。

（3）产品曝光，奖品赞助

中小白酒企业对体育赛事的奖品赞助，一般都喜欢根据需求使用自己企业的各种产品。如果企业希望推广自己的主力产品，尤其是新品，那么主力产品和新品就有机会在赞助赛事上成为奖品，以获取更多的曝光机会和更多被饮用的机会。如果企业想处理一些库存产品，就可以拿出一些售价不菲的库存产品作为奖品。当然还有第三个原因，就是使用产品作为奖品，可以降低赞助费。

二、酒类品牌如何玩转体育营销

1. 重视体育意见领袖的意见

所谓意见领袖，是指在人际传播网络中经常为他人提供信息、意见、评论，对他人施加影响的活跃分子，是大众传播中形成过程的中介或过滤的环节。由他们将信息扩散给群众，就能形成信息传递的两级传播。

两级传播中的重要角色，是人群中较多接触大众传媒信息，并将经过自己再加工的信息传播给其他人的人。他们通常具有影响他人态度的能力。他们介入大众传播，加快了传播速度并扩大了影响。

意见领袖一般都有独特的人格魅力，具有较强的综合能力以及较高的社会地位或较强的被认同感。在社交场合，他们一般都比较活跃，与被影响者同处一个团体并有相同爱好，知道特定问题并乐于接受和传播相关信息。研究发现，决策过程中不同的媒介扮演着不同的角色，人际影响比其他媒介更为普遍和有效，能够让大家采取一致行动。

意见领袖是一种社会现象，虽然存在的形式可能有些差异，但在中西方社会中普遍存在。在信息传播过程中，信息不会全部直达普通群众，有的只能先传达给部分人群，然后再由这一部分人把信息传递给周围的普通群众。有的信息即使直接传达到普通群众，但要想让他们的态度和行为按照预期发生改变，也要意见领袖对信息做出解释、评价，以及在态势上做出导向或指点。

要想有效地吸粉和拉拢用户群体，各体育运动的相关意见领袖就是最好的纽带。比如，跑步圈的跑步达人，一般都有自己的跑团，能够影响很多草根大众。一家酒企只要集中100位跑步圈的意见领袖，不管做哪种活动，都能在整个跑步圈产生轰动效应。

2. 抓住体育热点事件

事实证明，只要抓住体育热点事件，结合实效的体育行业大事，做好日常的体育事件营销，保证酒企的移动端和自媒体端的传播覆盖，就能形成传播爆点。

2017 年，中国体育产业惊喜不断，亮点频现。尽管 2017 年是所谓的体育小年，但 2018 年是开启体育营销大时代之年。下面我们就来梳理一下 2017 年体育营销的几大热点事件与大家分享。

（1）企业加入世界杯大家庭

2017 年，共有四家中国企业加入世界杯大家庭：他们分别是万达、海信、vivo 和蒙牛集团。各品牌与大赛的关系更紧密，“中国制造”持续出现在全球赛场。数据显示，愿意支持世界杯的赞助品牌为 73%；肯定赞助世界杯影响力的为 60%；更愿意购买赞助世界杯的产品的人为 55%。这些企业不仅看重世界杯在国内的广泛影响，更想借助世界杯营销拓展海外市场。2022 年，卡塔尔世界杯将在亚洲举行，届时必然会将世界杯热潮再度推向另一个高峰。

（2）冰雪冬奥大联合

伴随着中国成功申办 2022 年冬奥会，北京 2022 年冬奥会和冬残奥会官方合作伙伴已达五家，分别是中国银行、国航、伊利集团、安踏和中国联通。酒类品牌要想做好体育营销，就要抓住冰雪运动，编制专门的体育教材，普及冰雪运动知识和技能，让人们通过一次活动掌握一项技能，把冰雪运动融入群众基础的运动中，如雪上气排球、雪上足球、雪上木球、冰上龙舟等。冰雪背后隐藏着巨大的消费市场，也必将是企业难得的市场机遇。

（3）与中超联赛挂钩

2017 年是中国足球协会主办联赛的第 14 个年头。随着中超赛事制度的完善和新政策的出台，其品牌价值不断提升，越来越多的企业开始赞助中超联赛。比如，江苏洋河酒厂股份有限公司在 2017 年成为中超联赛官方供应商；此外还有京东、红牛、崂山啤酒、豪雅等国内外知名品牌参与赞助。据有关评估机构称，中超联赛的品牌价值和品牌影响力还没有完全发挥出来，未来中超联赛的商业价值将会继续增长，酒类企业一定不能忽视了这一契机。

（4）对 CBA 提高认识

新成立的 CBA 公司获得了联赛的竞赛权和商务权的授权，由 CBA 公司运营新赛季的联赛，证明 CBA 已经在真正意义上实现了管办分离。值得一提的是，篮协主席姚明也于 2017 年正式就任 CBA 公司董事长，中国篮球正式进入“姚时代”。姚明了解 NBA 先进的运作理念，对中国本土情况也很了解，于是便对 CBA 进行了一系列的改革。酒类企业可以抓住这一机会，与姚明合作，成为 CBA 联赛在 2017—2020 年间的赞助商以及成为 CBA 的官方合作伙伴。

（5）不能忽视了马拉松

近年来，随着经济社会的发展，带来了消费的升级，体育休闲产业凭借政策利好和市场红利获得快速发展。在国家力推“全民健身”的人背景下，马拉松引发出一系列社会现象级热潮。数据显示，2016 年全年官方注册赛事为 328 场，2017 年国内共举办了 500 多场马拉松赛事，各赛事都吸引了来自各行各业的赞助商。比如，2017 年 4 月 1 日雄安新区成立，举办了首届雄安马拉松，社会各界纷纷参与和关注。

（6）搏击受到青睐

伴随着赛场上斑斓的灯光、观众的欢呼呐喊、擂台上的肌肉铿锵……再加之资本的青睐，使得搏击产业在中国出现了井喷现象。众人熟知的终极格斗冠军赛（UFC）、昆仑决以及职业的 WBA 已经逐渐入人们的视野。目前世界各大搏击组织和职业拳击组织都将自己的目光集中在了中国，因为他们认为中国是最具发展潜力与吸引力的市场。因此，中国酒类企业要对这些地方提高关注度，争取赞助机会。

（7）版权新领域

2017 年 11 月，央视获得 2018—2022 年国际足联各项赛事在中国大陆地区的独家全媒体版权。这说明，电视媒体依然是大型体育赛事的主流转播渠道，也是商业客户投放的主要平台。

现阶段，国内数字体育平台的发展趋于稳定，已经形成了两大数字体育平台——苏宁体育和腾讯体育，成为企业主在新媒体平台进行体育营销的主要预算对象。两大数字体育平台更加重视版权的运营，其中苏宁体育建成了豪华演播室，吸纳了国内最好的解说阵容，对互动内容进行深度探索，使得内容更加精彩纷呈，获得了不错的反响与口碑。

总之，如今体育营销的热度在加剧升温，而 2020 年东京奥运会、2022 年北京冬奥会和 2022 年卡塔尔世界杯也都会带来更多的资源，而相应的，酒类企业也将迎来难得一遇的品牌营销推广机会。因此，酒类企业要抓住时机，与体育事件一起共铸辉煌。

第十二章 房地产企业的体育营销

在体育产业大好的趋势下，“体育 + 地产”模式也迸发出新的机遇。以非凡中国为例，在入股中信置业之前，其已经在南宁、扬州等地布局多个李宁体育公园。2015 年 7 月，非凡中国以 1.68 亿元获得毗连扬州李宁体育园的地产，计划开发体育主题社区。而本次入股中信置业，预计双方将在体育综合项目开发领域进行深入合作。

体育场馆、公园等体育设施承担公共服务功能，能够吸引大量人群，“体育 + 地产”模式具有两大优势：一是带动周边商业的消费升级，促进商业物业升值；二是作为居住配套，提升住宅产品的附加值，并促进房地产项目的增值和销售。

一、典型案例

1. 万达投资中国顶级足球资源

2016年7月，万达与中国足协、亚足联、国际足联等展开合作，促成了“中国杯”的举办。

1992年，中国足球的红山口改革会议，划分了广州和大连两个足球特区，凭着对足球的关注，王健林看到了机会。1993年3月8日，万达成立了足球职业俱乐部，打造了中国职业足球第一个王朝。时任国家体育局主任伍绍祖率领一个工作组，专门来到大连，出席了俱乐部的揭牌仪式。第二年，国内一批俱乐部相继落成，组织了第一届甲A联赛。

如今，万达手中已经掌握4个国际级的体育赛事IP，主要是铁人三项赛、亚太职业篮球冠军杯、中国3V3篮球职业联赛、“中国杯”国际足球锦标赛。

（1）资深足球人王健林

王健林的大连万达足球俱乐部是中国足球甲A联赛和中国足球超级联赛的创始球队之一，直到今天，依然保持中国顶级联赛连续55场不败的纪录。万达提出了“全面支持中国足球振兴”的口号，在多个领域表现出自己支持足球的决心，赢得了与世界足球最高权力层对话的绿色通道。

2014年5月29日，瑞士苏黎世召开“第65届国际足联主席选举大会”，王健林受邀参加。他是国际足联大会邀请的第一位中国企业家，其座位被安排在嘉宾区第一排中间。

2014年10月，国务院出台《关于加快发展体育产业促进体育消费的若干意见》（又称“46 号文件”），将体育产业定调为绿色产业、朝阳产业。同时，取消了商业性和群众性体育赛事活动审批，通过市场机制引入社会资本承办赛事，为民营资本涌入过去的垄断市场打开了大门。

2015 年 2 月，《中国足球改革发展总体方案》针对机制体制问题进行了部署，改变了中国足球协会与体育总局足球运动管理中心“两块牌子、一套人马”的组织架构，按照“政社分开、权责明确、依法自治”的原则组建了中国足球协会。

王健林抓住机会，在体育产业上投入了巨大资金，比如：2015 年 1 月，万达出资 4500 万欧元，购买马德里竞技足球俱乐部（简称马竞）20% 股份，进入俱乐部董事会。同时，与国际足联合作，筹备主办了“中国杯”，两年后，最终拿下主办权。

王健林的目标是，让“中国杯”成为亚洲水平最高的足球赛事，整体水平超过亚洲杯。

“中国杯”将每年举办，首届比赛 4 支国家队参赛，以后逐步增加到 8 支。从 2018 年开始，“中国杯”将邀请欧洲、美洲顶级国家队参赛，一批中国球迷熟悉的国际巨星将有望出现在“中国杯”赛场上。王健林的目标是让“中国杯”成为亚洲水平最高的足球赛事，整体水平要超过亚洲杯。

（2）A 端垄断路径

王健林深谙体育产业，他遵循的是体育界信奉的“得版权得天下”的游戏规则，瞄准了产业链中上游的稀缺资源。

王健林把体育产业划分为 A、B、C 三端：A 端，就是体育产业的国际性组织，既包括重大综合赛事的国际组织，也包括单项赛事的国际组织；B 端，就是代理体育产业组织或品牌赛事转播权、营销权的公司；C 端，就是单项体育比赛或者单个体育俱乐部。

王健林认为，体育产业真正往高端走是 B 端和 A 端。万达体育业务布局的路径缩影是：从对瑞士盈方体育、马德里竞技球队的股权投资，到并购美国世界铁人公司，再到王思聪旗下普思投资对乐视体育的投资等。

对于并购，王健林也有自己的要求，首先，要有盈利；其次，业务必须能在中国落地。为了落地，王健林提出了很多要求，比如：获得高端资源和人脉的支持，项目要有关注度和可参与性。

万达仅用短短一年半的时间，就控制了最受欢迎的两个项目 A 端：一个是在体育领域完成规模庞大的全产业链投资，涵盖了众多关联企业；另一个是赛事品牌、俱乐部、赛事运营企业和最终端的赛事直播。得到国际性体育组织的话语权后，万达加快了在自主研发 IP 快车道的速度。

（3）下一盘大棋

王健林的企业布局出现在消费升级的大背景下，无论体育、旅游娱乐、商场消费，还是金融，都是万达控制人流的有效手段。如今，万达的城市综合体每年涵盖的消费者已经超过两亿，致力于把现有消费群的消费能力转化为公司的产品和服务。

国家体育总局推出的《体育产业发展“十三五”规划》显示，在“十三五”时期，体育消费方式将从实物型消费向参与型和观赏型消费扩展，体育产业将从追求规模向提高质量和竞争力扩展。行业即将迎来精耕细作的阶段，王健林并不避讳地宣扬他称霸体育产业的雄心。如今万达已进入第四轮转型，万达商业、文化、金融、电子商务成为其新四大支柱产业。

2. 恒大地产的体育营销策略

恒大进军体育界，不仅履行了社会责任，还实现了品牌效应和社会效应，撬动了体育营销这个大杠杆。

在涉足职业体育的初期，恒大集团相继协办了 2004 年广州国际龙舟赛、广州横渡珠江活动，还为男子乒乓球世界巡回赛提供了赞助。2005 年，恒大独家冠名“2005 年女子乒乓球世界杯”赛；2008 年 1 月，恒大出资 2000 万元，独家赞助第 49 届世界乒乓球锦标赛，这是世乒赛首次由中国企业独家赞助。

2009年5月22日，恒大集团投入2000万元成立了国内首家职业排球俱乐部，同时挖来了冯坤、杨昊、周苏红等前国手加盟。同年8月，恒大女排俱乐部以年薪500万元聘请到郎平担任主教练，完成了一次经典的体育营销。

8月12日，恒大酒店举行了恒大女排起航即“郎平归来”欢迎仪式，200多位记者齐聚广州，广东电视台还对郎平与恒大的牵手仪式进行了现场直播。

恒大女排的投资在女排甲A联赛中数额虽高，但仅签约郎平的发布会就吸引了全国数百家媒体。单以广告版面计算，恒大要想达到同样的宣传效果，花费可能要上亿元。花费500万元年薪，却得到了上亿元的宣传效果，确实值得。

2010年2月2日晚，广州体育馆举办了“中美女排对抗赛”，恒大女排以3：0的比分，战胜了美国国家女排队。此次比赛，CCTV-5、香港NOWTV等众多电视台进行了全球直播，数以万计的人在电视机前观看了本场比赛。

2010年3月25日，恒大“第23届亚州杯乒乓球比赛新闻发布会暨抽签”在广州举行。在“广州2010年亚运会”将开幕的重要时刻，恒大集团再次出资200万元获得比赛的独家冠名。

2010年3月，恒大集团入驻广州足球俱乐部签约行，先偿还了球队以往的欠款，又将俱乐部注册资本提高为1亿元。买下广州足球队后，郜林、孙祥、郑智相继加盟，之后又挖来了韩国名帅李章洙，甚至引进了有“巴西猎豹”之称的外援穆里奇，恒大集团的雄厚实力与社会责任感由此可见一斑。

2010年4月3日，恒大足球举办首场比赛，全国共有80家媒体的120名记者进行现场采访，13家电视台进行现场直播，开创了中国足球之最。

2010年年底，恒大投资600万元入股广州粤羽俱乐部。不仅花重金请来了世界男单排名前两位的李宗伟和陶菲克，还请来了世界男双排名第一的男双组合马来西亚的古健杰和陈文宏。

……

恒大之所以能够取得如此大的成绩，原因之一就是运用了体育营销策略。

企业的广告效应有多种形式，广告费仅是一方面，借用体育事业来做另类广告，体育营销就会发挥出巨大作用。恒大拿出部分广告费来赞助足球，取得了良好的广告效果。在体育营销这方面，恒大集团已经走在了中国企业的前列。

2009年，郎平亮相女排甲B联赛，一路连胜，一票难求。不管恒大女排比赛打到哪里，都会将“恒大”品牌带到哪里。借助这种态势，恒大房市一路飙升，全年累计实现销售额约 303 亿元，销售额及销售面积同比上年分别增加了 402.3% 及 396.5%，创造了中国楼市的新传奇。

二、房企如何玩转体育营销

1. 加强综合服务体运营

所谓体育地产就是，将体育产业和房地产业有机结合到一起，以体育作为主体概念，将体育纳入房地产开发总规划，以特定的地域空间为载体，依靠体育产品开发、房地产开发为先导，辅助一定的体育文化，提高运动体验，将体育元素引入房地产开发，使体育产业与房地产业资源、科技、市场等要素有机联系起来，满足人们的日常体育需要，带动房地产的不断发展。其核心是运用体验经济模式走“体育搭台，房产唱戏”的发展之路。

房产企业要想提高体育营销的效果，就要加强综合服务体运用。具体来说，可以采用的模式有以下几种：

（1）体育——商务型模式

体育——商务型模式，是在区域层面上将体育与商业地产结合起来，通过体育经济力量驱动城市区域发展，主要涉及体育、商贸、旅游、城市和区域经济等方面。

该模式的具体运作是：对大片土地进行整体开发，以体育项目为先导，把附着功能与项目的分块土地作为产品进行经营，同时对全部或部分开发项目进行开发。比如，在体育中心为核心的综合片区上发展赛事经济，吸引商贸、房产、会展和酒店等行业入驻，实现产业间的相互合作，形成产业集聚，增强区域综合力。

（2）体育——休闲型模式

引进以运动健康、文化教育、旅游度假为主的体育项目和配套设施，把体育休闲旅游作为新的开发题材整合到商业地产中。将体育与商业地产结合起来，就能提高商业地产区块的竞争力。这种模式也叫作“体育——休闲型模式”。

该模式的具体运作过程是：依靠当地的自然环境、文化资源等优势，使房地产与体育最大限度实现融合；或者在城市边缘地段开辟新的体育环境和房地产项目，带动周边地产的滚动式开发。

体育主题社区是该模式的典型代表。体育社区，不仅是居住生活区和运动场所，还具备养生服务、休闲、商业和生态公园等配套功能。大型体育社区通常还可以为重大体育活动提供公共体育场馆和配套设施，承办高水平赛事等。

（3）中央体育区模式

中央体育区模式（CSD），主要由体育、商业和住宅等三大职能设施组成，是一个体育商贸居住中心。CSD一般聚集着规模宏大的居住群，覆盖体育产业的硬件资源和软件资源，甚至还有与其匹配的商贸中心，是典型的以体育为主题的现代服务业集聚区。

体育产业的导入，不仅为商业投资提供了平台，也带动了住宅、消费和旅游等系列产业的发展，形成了城市新经济增长链。CSD社区规模宏大、功能齐全，是微缩版的小城市，展现了现代化都市具备的体育商圈规模，是现代化都市中体育经济最具活力的地方，可以整合的资源主要包括体育运动资源、商贸经济资源和住宅开发资源等。

2013年，万科提出向“城市配套服务商”转型的战略后，就着手在吉林规划了20平方公里的万科松花湖滑雪度假区，仅用了一年时间就建成了一期滑雪场、度假酒店、商业小镇，并于2016年1月16日正式营业。

众多房企之所以会纷纷投入体育产业，不仅是因为看好体育产业的前景，更看中了体育产业给房企带来的品牌效应和政商关系的强化。更为重要的是，“地产+体育”模式可以实现两个产业的相互带动，想象空间非常大。

2. 马拉松为地产企业的销售另辟蹊径

马拉松的“储客能力”是地产企业的营销保障。地产企业进行营销推广时，一般都采用户外媒体、网络媒体等方式。目标人群分散，无法在短时间内将优质消费人群聚集起来，而马拉松赛事就具备强大的引流能力和集中影响力。

目前，国内一场马拉松的参赛人数一般为3万人，是一个巨大的消费场景或地推活动场所。在场景中，地产企业可以零距离地影响目标消费群体，积累客群信息，实现销售转化。

马拉松绵延的整个赛道，地产企业主推的楼盘和社区盘绕其中，跑友和观赛人群能直观感受企业的楼盘和环境。如果地产企业将赛前的训练营和装备领取安排在楼盘内，在马拉松博览会内设置企业展位，也能帮助企业将楼盘地段、户型、配套设施等信息展示出来。

举办马拉松的城市，一般经济相对发达，城市化还没有结束，是很多人投资的首选。数据显示，智美系马拉松有38%外地跑友，具有很强的投资需求和能力，是潜在购房人群。同时，还能在短期内集中吸引人群的注意力，提高房企宣传的影响力。

马拉松赛场聚集着大量的跑步爱好者，马拉松跑者的朋友圈更加平等、开放、亲民，马拉松圈包括不同年龄层的各级购房需求者，对于同业同城的跑友更是如此。无论是年轻人，还是中年人，都能借助“马拉松”这个共同爱好快速聚集起来，通过“意见领袖”的引导作用，开展圈层营销，实现二次传播。

另外，地产企业还能通过回馈等方式，为已有住户提供专属的马拉松赛事服务。比如，为楼盘业主提供获取马拉松免抽签名额的机会、提供专属参赛包领取通道等，使他们产生优越感，主动在朋友圈和跑友圈中做宣传，辐射周边人群，刺激销售。

第十三章　体育用品的娱乐营销势头不减

体育营销永远避不开的一个品类就是体育用品，是因为它们天生就带着体育基因，它们就是为体育而生的。不过，体育用品的营销可不是只能用体育的方式。

说到娱乐营销，没有哪个运动品牌能和阿迪达斯分庭抗礼。2016年年底，杨颖进入阿迪达斯阵营，让三叶草如虎添翼。2017年，三叶草又增加两位顶级代言人——鹿晗和杨幂，延续了阿迪达斯的一贯传统。之后，还吸引了迪丽热巴和易烊千玺两位流量大咖。

无独有偶，耐克也追随阿迪达斯的脚步。

2017 年 3 月，王俊凯参观耐克总部；接着，李宇春为耐克拍摄广告。同年 7 月，一支全新的耐克广告上线，金马影后周冬雨是主角。

一、典型案例

1. 李宁：本土体育品牌发力国内外

从世界杯到F1，再到NBA，许多体育用品公司都在借助体育，展开跨界营销。而作为这一领域的传统玩家，以李宁为代表的体育品牌也借助互联网进行了营销端的深化，运动项目不再追求大而全，开始重视精准化的社群运营。

过去十几年，体育商品广告最多地出现在各电视台的体育频道。无论是拥有丰富资源的耐克、阿迪达斯，还是主打廉价牌的国产厂商，都投入巨资在广告以及各种比赛的冠名上，企图依靠体育赛事的电视播放，让自己的品牌在消费者脑海中留下最深刻的印象。

李宁以性价比极高著称，既拥有与国外厂商相匹敌的技术，又拥有相对低廉的价格。对内，它是一种相对便宜的选择；对外，它是唯一能在技术上与外国厂商相匹敌的本土品牌。同时，李宁还在专业运动资源的赞助上投入了大量时间和资源，从1992年李宁就开始支持中国体操、跳水、射击、乒乓球、羽毛球等“金牌梦之队”，为运动队提供专业运动装备。

随着社交网络的兴起，电视广告、赛事赞助等宣传方式的弊端逐渐显现，体育产业也不再是单纯比拼资源和价格的战场。与互联网一起成长起来的90后，生活条件比70后、80后更加优渥，购买商品更加看重自己的心意。消费观念的变化，让李宁率先推动了品牌年轻化的改革，虽然经历了很多困难，但终于实现了品牌形象的一次进化。

（1）“性价比”不再是唯一标签

李宁公司的财报显示，在运动鞋品类中，2013年，李宁在高端市场中的市场份额是其他本土运动品牌的3～4倍，在中端市场上也占有30%以上的市场份额。表现最明显的是篮球鞋品类，2014年上半年篮球鞋新品销售同比上升48%。

与过去比较起来，李宁已经不再看重性价比，为了提高销量，它提高了用户体验、重视粉丝运营，对用户需求进行了深入挖掘。比如，对于跑鞋的策略，除了传统的赞助马拉松等跑步赛事外，还自行组织了“李宁中国10公里路跑联赛”，并在全国10个城市铺开。

线上，李宁不仅拥有自己的iRun跑步社区，还积极运营微博、微信，围绕核心跑步群体，为他们提供试穿、体验等活动，并通过线下赛事聚合，维系与跑步爱好者的关系，创造了良好的口碑。

与韦德签约后，李宁主打“韦德之道”产品，受到了篮球爱好者的广泛赞誉。在虎扑论坛的装备区，许多人都极为追捧“韦德之道”。之所以能取得这样的成绩，不仅在于对球鞋的科技、材料的看重，李宁还在背后举行了多种活动，如征集球鞋设计、韦德中国行等，通过与球迷的互动，扩大了“韦德之道”球鞋品牌的影响力。

李宁的最终目的是建立同 Air Jordan 一样的签名球鞋品牌，即使韦德退役，依然可以保持该品牌的持续畅销。如今，性价比取胜的年代已经过去，只有综合考虑用户体验、产品品质、品牌信誉和粉丝运营等，才能在品牌营销方面领先一步。

（2）专注五大类运动

2014 年，李宁结束了与中国体操队的合作。随着社交媒体的崛起，更零碎的信息分散了大家的注意力，李宁对体育资源的赞助策略开始聚焦。篮球、跑步、羽毛球、训练及运动生活，成为李宁目前聚焦的五大品类。

过去的十多年，为了适应时代的发展，各种运动品牌商什么运动装备都做。在资讯尚不发达的年代，只要形成了品牌观念，就能对品牌产生依赖。也就是说，只要人们认可了李宁的牌子，从篮球、网球到高尔夫球，可能都会选择李宁商品。互联网时代，消费者更愿意从搜索引擎、社交网络中了解信息。消费者对体育用品的认知专业度越来越高，全品类通吃也就变成了体育品牌的奢望。因此，李宁主动减少品类，推出了专注“五大品类”的商品策略。如此，不仅可以收缩战线、节约成本，将研发、营销的经费花在刀刃上。专注耕耘这五种品类，也容易在五种品类的资深爱好者之间形成良好的品牌口碑，强化李宁的专业形象。

为什么选择篮球、跑步、羽毛球、训练及运动生活等五个重点呢？原因就在于，前三个是中国群众基础最好的运动项目；而训练和运动生活，则可以满足健身房人群、运动休闲装扮人群的需求。五个方向覆盖了最广泛的中国消费群体，一旦在这五个运动装备领域的专业口碑打响，李宁的专业品牌形象便会更加深入中国人的内心。

2. 卡尔美：携手足球，重返马德里

2018 年 5 月，皇家西班牙足球俱乐部官方与运动品牌卡尔美开始正式合作，在接下来的四个赛季中，卡尔美为西班牙俱乐部所有体育队伍提供运动装备赞助。

西班牙俱乐部是西甲最具历史的球队之一，诞生于 1900 年 10 月 28 日，当时叫西班牙社会足球队。这支球队全部由加泰罗尼亚球员或西班牙其他地区的球员组成，创始人兼球队第一任主席是安赫尔·罗德里格斯。1912 年，球队正式使用皇家名称，并在队徽上添加王冠徽记。

1929 年，国家冠军赛开幕，西班牙人打进了第一粒进球，赢得了西班牙国王杯。之后，分别于 1940 年和 2000 年再次捧得国王杯；2006 年俱乐部成立百年纪念，再次赢得奖杯。可是，即使四次夺得西班牙国王杯，但西班牙人俱乐部至今都没有得过西甲冠军。

与西班牙人气质相符，卡尔美同样如此。

卡尔美是西班牙著名运动品牌，由 Quiles 兄弟于 1963 年创办。卡尔美品牌 LOGO 以“熊爪”为设计理念，代表了“不断向前，努力攀登”的进取精神，爪印象征着“凡走过必留下足迹的态度”，口号是“印证奇迹”，主要产品是球类和跑步运动服饰、运动鞋、休闲服饰、运动配饰等。

经过 70 年代的市场推广和 80 年代的产品设计升级，90 年代卡尔美取得了很大的成就。1992 年，卡尔美成为西班牙队在巴塞罗那奥运会的指定赞助商；1994 年，卡尔美成为西班牙皇家马德里队的球衣赞助商。

2005 年，卡尔美进入我国市场，经过十多年的探索，在中国赞助了多项赛事和俱乐部，其产品在性价比方面备受好评。

2014 年，卡尔美与我国上海申鑫、重庆力帆、河北中基、沈阳中泽、青岛中能、武汉卓尔、山西太原、深圳红钻等多家职业足球俱乐部签署了战略合作协议。如今的中甲联赛上，卡尔美赞助的球队已占据半壁江山。同时，卡尔美还与多支中超球队的青训队建立了合作关系，其中包括广州恒大等顶级俱乐部。

与西班牙人队的签约，是卡尔美重回马德里的重要一步。

二、体育用品如何玩转体育营销

1. 开展多品牌策略

（1）多品牌精准定位细分市场

多品牌战略的实施是安踏实现百亿、迈向千亿的重要支撑，也是特步、361°、匹克、乔丹、鸿星尔克等体育用品企业抢占细分市场和掘金万亿体育产业的重要途径。

在众多品牌矩阵中，安踏将自己定位于大众专业运动市场，为广大消费者提供高性价比的专业体育用品；FILA（斐乐）定位于高端运动时尚市场，与全球著名设计师展开合作，为高端消费者提供运动时尚产品。未来，安踏还会将不同品牌覆盖到各细分市场，吸引更多的品牌加入。

与迪桑特合作，一起成立合资公司，是安踏实现多品牌战略升级的第一步，有助于整合供应及采购能力，扩大品牌组合。迪桑特是日本知名的功能运动服装品牌，主要生产和销售高端市场的滑雪用品。之后，安踏收购了另一体育户外品牌——斯普兰

(Sprandi)……多品牌精准定位细分市场，安踏最大程度地满足了消费者日益增长的需求。当然，除了安踏之外，其他体育用品企业也在不断尝试。

比如：在361° 运动的基础上，361° 推出了361° 童装，以及定位时尚运动的“尚”牌；同时，361° 还与北欧户外品牌ONEWAY合作，共同成立了合资公司——中兰体育。ONEWAY是众多国家滑雪队、奥运会选手和国际越野滑雪赛事的唯一供货商和赞助商，主打滑雪、骑行等产品，与ONEWAY的合作，有利于361° 进一步拓展中国冬季运动市场。

数据显示，截至2015年6月底，361° 童装门店总数为2328家，占集团营业额的10.6%，此外，在集团7400多家店铺中，1459家为“三合一”或“二合一”集合店，主要提供童装及“尚”品牌系列产品。

再如：特步也在不断优化产品组合及质量，不仅强化了跑步与足球品类优势，扩大市场份额，还推出了《梦想总动员》卡通动画片，甚至与央视少儿节目《大手牵小手》展开了合作，使特步童装的产品销量节节攀升。

（2）行业龙头促使产业全面复苏

2014年10月，国务院颁发《关于加快发展体育产业促进体育消费的若干意见》提出：到2025年，体育产业的目标是总规模超过5万亿元。在目前已出台的30个省级政府实施意见中，预计2025年体育产业总规模之和已经近7万亿元，超过了国务院制定的发展目标。

5万亿～7万亿元的体育产业市场，为各地体育品牌的发展提供了新的机遇。比如，泉州是中国体育用品制造业的聚集地，拥有良好的体育产业基础，全市体育用品生产企业超过4000家，拥有安踏、361°、特步、匹克、贵人鸟、乔丹、鸿星尔克等众多国内知名体育品牌。

2012年，体育用品行业进入调整期，各大体育品牌纷纷进入下行通道。通过持续创新和转型升级，2014年上半年，安踏成为业内首个营业收入增幅转正的企业，开通了行业复苏的通道。2015年业绩率先突破百亿，将中国体育用品企业带到了一个新高度。

作为国内体育用品行业的领军者，成功转型的安踏成为行业风向标，引领了行业的全面复苏，361°、特步、匹克、贵人鸟等体育品牌已公布的2015年上半年业绩都实现了正增长。

其中，361° 2015年上半年公司营运利润净额同比上升34.4%，集团营业额为22亿元，同比上升5.7%；匹克2015年上半年的营业收入为13.8亿元，较2014年同期上涨6.9%；特步2015年上半年营业收入23.91亿元，上升12%；贵人鸟上半年实现营业收入10.17亿元，同比增长2.19%。

2. 将赞助与销售点联系起来

（1）赞助和销售点营销的有机结合

2011年，为了纪念与一级方程式车队迈凯伦（McLaren）建立赞助合作30周年，HUGO BOSS发起了一场设计比赛——“Dress for the finale”。

赞助商Till Pohlmann策划了HUGO BOSS和迈凯伦车队30周年的销售和设计营销活动，Liganova创意公司设计了由粉丝和消费者参与设计服饰的一场比赛，最后迈凯轮车队的刘易斯·汉密尔顿和简森·巴顿将身着设计的服饰参加整个排位赛。

最终，比赛完美地演变成了一次详细而成熟的营销活动。

整个事件，不仅为设计领域创造了动力，还在一级方程式赛车赛季中创造了可用于所有HUGO BOSS商店的概念。而该概念与销售有着直接关系，包括HUGO BOSS的所有全球市场。

该概念的焦点是，在HUGO BOSS网站上以赛季为单位设计“Dress for the finale”全球比赛。参与者可以使用在线配置工具，设计比赛最后阶段汉密尔顿和巴顿所穿的赛车服饰。活动期间，在每个 F1 比赛周周末选出一名获胜者，让车手穿着赛车服饰参加排位赛，最终由球迷投票选出获胜套装。该活动被发布在 HUGO BOSS 网站、主要时尚杂志和 HUGO BOSS Facebook 页面上，甚至还提供了一个 You Tube 视频。在前三场比赛中，共提交给评委会 7800 多个设计，共有 30 多万访客在官方网站上进行注册。通过特殊的零售营销套餐、橱窗展示设计和商店活动，HUGO BOSS 为零售商提供了全方位的广告机会和事件材料。

此外，为了获得更多的关注，在每场比赛之前，还开展了游击营销活动。活动结束时，慈善机构对球迷当年设计的所有赛车服饰进行拍卖，收益全部捐赠给“拯救孩子公益组织”，实现了企业的社会责任和营销理念的融合。

（2）坚持体育赞助的连贯性

很多体育用品企业都缺乏对赞助项目的长期规划和管理，严重短视，给企业造成巨大的损失。比如：在 1996 年亚特兰大奥运会上，中国代表团有 37 个赞助商；2000 年悉尼奥运会期间，只剩下李宁公司。这种数字变化说明，许多体育用品公司赞助规划依然不成熟，对赞助的理解过于简单或片面，公司不仅没有得到应有的利益，反而成为沉重的负担，最后不得不退出。

要想提升体育营销效果，就要做出长期的赞助计划，甚至将体育赞助作为公司营销战略的一部分，成立专门的部门，专门负责赞助项目公关策划，或负责体育赞助这个巨大的市场。从研发到市场，从资金到人才，全面动员，将体育赞助和品牌建立作为公司战略实施的一部分。

在实施计划方面，体育用品企业必须保持连贯性和节奏性，让观众产生连续有力的印象，对产品产生熟悉感和认同感，这也是体育赞助的意义所在。

基于受众的心理影响，只有通过长期不懈的曝光和刺激，才能取得多方收益。因此，体育用品企业应当坚持自己的赞助目标和赞助项目，树立稳定、系统、完整的赞助品牌形象。

下篇 ▶▶▶
体育营销的未来展望

第十四章　移动互联网时代，体育营销的大趋势

一、移动互联网时代的体育营销将走向何方

趋势一　体育营销人群年轻化、多元化

随着体育产业的高速发展，我国的体育消费者也表现出多样化趋势。最显著的特征就是，女性参与者与年轻群体比例的大幅提升。另外，小众体育也得到蓬勃发展，高收入人群成为小众体育的一大关注者。

如今，体育营销面对的不再是男性消费者市场，消费者已逐渐呈现出“年轻化”“高端化”“多元化”的发展态势，具体来说有以下几方面。

1. 消费者年轻化

近年来，随着 80 后、90 后的逐渐长大、成家立业，消费群体

也发生了巨大变化，消费者群体越来越年轻化，他们的消费习惯与父辈完全不同。年轻化、个性化是他们的消费标签，在消费层面，他们更关注内心的向往和对美好生活的追求。

基于自身的喜好，80、90后对消费品一般都没有很强的目的性。他们喜欢消费，但没有计划性；他们对品牌爱憎分明，要么喜欢，要么讨厌，不会模棱两可；他们都异常重视自己的感受，对知名品牌情有独钟，引导着时代的发展潮流。

从一定角度上来说，消费者的心声是产品升级换代甚至另辟蹊径的源动力。将消费者的诉求直接反馈到生产厂家，就能对企业的研发、生产和销售形成指导，挖掘出用户评价的价值，促进企业的可持续发展。在生产过程中，根据年轻消费者的诉求，厂家就能生产出满足新生代消费者需求的产品，减少浪费。同时，还要在用户体验上，下功夫，让消费者感受到被尊重、被理解、被体贴。

80、90后群体是消费的中坚力量，具有自己的消费特点；他们喜欢猎奇，更喜欢体验式。要想吸引这部分人群，就要从用户体验入手，让他们身临其境地体验到产品的品质、舒适度，以及企业理念，满足他们的需求。

2. 消费者高端化

报告显示，中国消费者在高端产品上的花费日益增加，因为这些产品能够帮助消费者提升他们的健康水平，能够帮他们改善生活方式。同时，消费者的收入不断提升，已经具备了更高的消费能力，希望买到品质更好的产品。

高端化是社会发展的必然趋势，目前很多消费者都热衷于进口品牌，消费者对于产品的要求必然会逐渐上升。

（1）在快消品市场与线上消费领域，都出现了“高端化”趋势，高价商品市场份额占比居高且持续攀升。

（2）低端消费者的升级势头最为显著，低档升中档的比例最高，中低收入者对消费升级的推动力更大。

（3）人们对于优质健康生活的追求更强烈。

（4）高端化趋势由一二线城市引领，三四线城市的发展潜力也不容忽视。

3. 消费者多元化

（1）服装领域：品牌个性化、互联网化

新生代消费者更喜欢不拘一格的风格，他们喜欢追求个性，希望与众不同；同时，他们经济能力又相对有限，更愿意通过多元的消费渠道，用最少的钱买到最想要的服装。综合来看，新生代消费者对衣物的偏好呈现出以下两个特点。

品牌个性化。个性化是 90 后不变的追求，虽然各类传统品牌依然出现在这一群体中，但能够展现个性的服饰更受到了80后、90后的青睐。比如，印有文字的衬衫，配上简短的文字，就能给人以与众不同感。

互联网化。互联网融入了80后、90后的全部生活。互联网购物，不仅能够节省时间和精力，还能享受到较大的折扣，更便于服装款式品牌的比较，因此网络购物受到了这一群体的热捧。

（2）饮食领域：注重特色和体验，注重中低端消费

在80后、90后存在大量的“吃货”和“美食家”。他们喜欢约上三五好友聚餐，喜欢用APP发掘各种未知的食物。在饮食领域的偏好可以概述为：

重视个性化和创意特色。80后、90后群体在饮食上不喜欢追求档次和服务，对价格也不太敏感，最在意的是菜品是否有创意、有特色、有个性。另外，他们的餐饮选择多、变化快，今天吃火锅，明天可能就会吃日本料理、吃西餐。

喜欢物美价廉的中低端餐饮。80后、90后消费能力有限，不会出入高档餐厅酒店消费，只要有特色、有卖点，能满足他们的体验要求，就能吸引他们的目光。

（3）家居住宿：住房压力大，重视品质

工作后的80后、90后依然要面临租房和买房的难题。总体来

说，他们在租房、买房上表现出以下特质。

多数人选择租房，不愿为买房降低生活质量。虽然多数人都想有一套自己的房子，但房价太高，即使贷款买房，也要背上沉重的债务负担，因此多数人喜欢租房。

租房压力普遍大。数据显示，目前新生代消费者中房屋租金支出多数都超过了薪水的1/3，一线城市甚至远超50%。租房给他们带来了较大的经济压力。

注重居住品质。90后大都是独生子女，独自享受了家长提供的所有资源，因此很多90后租房时都会将居住环境作为首要考虑因素。

（4）交通外出：外观与质量并重，具有品牌意识

80后、90后对于私家车的购买，更加切合实际。其消费偏好主要体现在以下几点。

看重外观与质量。90后购车群体一般都看重汽车外观和样式。

品牌意识强。调查显示：45%的90后购车更加倾向于德系汽车，其次20%是日系品牌，13%为美系品牌。

（5）各地旅游：消费能力有限，但喜欢旅游

80后、90后群体一般都喜欢旅游，其旅游消费行为特点有：90后不喜欢被束缚，崇尚自由，没有工作、家庭的负担，想到就去做。

同学、朋友，即使是不认识的人，也会来一场“说走就走的旅行”。

趋势二　电子竞技体育飞速崛起

如今，电子竞技运动受到了青年人的热捧，更是一个时髦的名词。那么，究竟什么是以电子竞技体育呢？这种运动以电竞游戏为基础，以信息技术为核心。其借助软硬件设备，在信息技术营造的虚拟环境中，在统一的竞赛规则和规则保障下，公平展开，是一种对抗性电竞游戏比赛。

电子竞技的雏形最早出现在1986年的美国，美国的某电视频道上，直播了两个孩子打游戏的过程，被当时的人们看作是电竞的开始。后来，任天堂在美国多个城市举办了游戏比赛，不仅奠定了电竞的基础，还得到了众多响应。

真正的电子竞技诞生于韩国。1997年，亚洲金融风暴爆发，韩国经济陷入低迷，大批工人下岗在家待业。1998年，暴风娱乐发布了《星际争霸》，为了打发时间，很多失业人员开始玩这个游戏。韩国电视台发现了这个现象，制作了相关节目，收视率大涨，电子竞技也成为韩国经济复苏的重要支柱。

从电子竞技内涵来说，其追求卓越、超越自我的精神与传统体育项目的精神高度一致。随着互联网的逐渐普及，信息技术的飞速发展，许多新的运动项目、运动方式出现，电子竞技就是其重要体现。电子竞技满足了人们多元化的体育健身需求，更在引导青少年全面健康发展方面发挥了重要作用。

电子竞技运动的基本特征是：电子和竞技。这里“电子”是具体的方式和手段，这项运动就是借助以信息技术为核心的各种软硬件及其营造的环境来进行的，类似于传统体育项目中的器材和场地。“竞技”指的是体育的本质特性，即对抗。电子竞技运动有多种分类和项目，但核心是对抗和比赛。

作为一种新兴的竞技项目，电子竞技凭借独特的魅力已经征服了成千上万的爱好者。其倡导“奋发拼搏、健康益智、和谐合作”的电子竞技体育精神，引领时尚健康的电子娱乐文化潮流，使人们从单纯的身体素质较量中脱离出来，转向脑力方面的较量，让在身体素质方面没有优势的人站到了世界级的体育运动领奖台上。

最近几年，电竞行业发展迅速，网店、赛事、解说、游戏周边、电脑配件、广告植入等行业也在不断进步。数据显示，2018 年电子竞技的中国用户突破约 3 亿，市场规模达到了 80 多亿元。可以预见的是，电竞运动的爆发式崛起，必然会成为年轻人关注和讨论的热点。电竞运动广泛分布于消费者集中地区，其营销影响力也会有极大爆发。

电子竞技体育的发展前景表现为以下几方面。

1. 发掘空间巨大

如今电竞用户规模异常庞大，竞技赛事的观众规模甚至可以媲美 NBA 总决赛观众规模。比如，2017 年英雄联盟 S7 赛季，通过各渠道观看的人数超过 6000 万。但与我国引进或运作多年的西班牙足球甲级联赛、美国职业篮球联赛、中国足球协会超级联赛等职业赛事相比，知名职业电子竞技赛事转播版权费收入还远远比不上传统职业体育赛事，我国电子竞技赛事的转播权等商业价值存在很大的发掘空间。

2. 体育属性爆发

如今，电子竞技的发展才刚刚起步，在认可度提升、资本布局、赛事升级、观众数量创新高的背景下，电子竞技的潜在需求必然会被释放出来，呈现出美好的行业发展前景。

3. 地方政府大力支持

2016 年，国家发改委发布了《关于开展特色小镇培育工作的通知》，各地支持了“政府扶持”的项目，重抓电竞，积极投资打造特色“电竞小镇”。有了政府的支持，电子竞技体育也就少了门槛和闲置，发展自然也会快很多。

趋势三　体育明星跨界联合营销

从粉丝们对张继科、傅园慧、宁泽涛等体育明星的颜值、性格及身材等另类关注点可以看出，“体育＋娱乐”正在成为用户们关注的方向。此时，品牌也会发现，这一转变不仅在价值观上无比正确，在商业运作中也有了更大的游弋空间，为品牌的体育营销带来更大的发挥空间。

目前，在中国跨界体育娱乐圈两大领域，张继科是第一人。在《跨界歌王》总决赛上，张继科穿着清新的白衬衫亮相，一开嗓便吸引了观众的关注。他与5位跨界选手展开了激烈的厮杀，最终超常发挥，战胜了姚晨，夺得赛季的季军。著名主持人黄子佼评论他时，说：“他背负的是一个国家的胜败，我们（在乎的）都是小事，看到继科我就觉得我未来的人生豁然开朗！”

完成自己的跨界梦想后，张继科再去备战全运会。2017年亚锦赛上日本人换了新材质乒乓球，对张继科很不利，但身体健康状况不佳的张继科却没有退役奔赴娱乐圈，而是依然选择坚守。

如今，体育明星的粉丝已经逐渐引领体育营销的无界与跨界。“体育＋娱乐”的不仅能将体育人群从单纯的体育爱好者扩展到明星粉丝，还能有效地普及到女性用户中去；而对于品牌来说，还能轻松撬动“粉丝经济”，带来丰厚的回报。

趋势四　技术改变体育直播、转播模式

技术对体育直播、转播模式的改变主要体现在以下几方面。

1. 去中心化的UGC内容生产模式成为市场新宠

随着通讯技术的不断发展，再加上5G时代的临近，体育内容消费的移动化与视频化趋势必然会更加明显，去中心化的UGC内容生产模式必然会成为市场的新生力量。

UGC是用户创造内容（User-Generated Content）的简称，其基本特征有：内容生产的主体是非专业人士；内容的制作渠道是非专业化的；内容的传播渠道是网络平台；用户内容生成的是一种创造性劳动，劳动成果具有使用价值。

根据使用的不同动机，可以将自媒体的UGC平台分为以下几类。

（1）以社交为目的的自媒体平台。比如，微信朋友圈、Facebook、QQ空间等，通过内容的发布、转发、点赞、评论等形式，由“强关系”的内容发布者和接受者一起来完成内容生产，实现社会交往，由线上交往带动线下互动。

（2）以内容分享为目的的网络平台。这类平台主要分为：文字类的UGC网站，如百度文库、新浪爱问等；视频类的UGC网站，如优酷、土豆等；图片类的UGC网站，如Instagram等。用户群的主体都是“弱关系”，喜欢自我表达。

（3）以知识共筹为目的的网络平台。通过网友间的协作，对共同关注的问题进行答疑解惑、知识创造。如百度知道、知乎、百度百科、维基百科等。

（4）以兴趣讨论为目的的网络平台。在这类网络平台中，用户会根据自己的兴趣爱好，寻找、组建自己的圈子，参与讨论，交流信息，如贴吧、豆瓣等 UGC 网站。

（5）以自我表达、公共议论为目的的网络平台。如 BBS、微博，为自我表达和利益诉求提供了可能性。

2.AI 在体育转播中的应用全面市场化

在体育领域，人们开始关注对 AI（人工智能），是在 2016 年 3 月李世石大战谷歌围棋 AI“AlphaGo”，比赛的第一天就吸引了全球 1 亿人次观看，来自中国的有 6000 万，是 AI 在体育领域的第一次大爆发。

2018 年，在俄罗斯世界杯开赛前夕，IBM 和美国福克斯体育共同打造了一个 AI 平台。IBM 的主要工作是分析视觉、音频和文本数据；福克斯体育的工作是利用 IBM 沃森媒体的功能，标记自动高级元数据、快速筛选和存档视频片段、识别比赛时生成的实时精彩视频。

在世界杯期间，AI 技术被广泛使用。例如：在世界杯官方制定用球电视之星里面，放置了 NFC 芯片，可以记录足球的进行轨迹、球员射门的力度、足球是否出界等信息；为了减少误判，还引入了视频助理裁判VAR，能够将场内拍摄到的影像传回到莫斯科国际广播中心的影像助理裁判室，对比赛关键节点进行更好地分析。

如今，越发成熟的AI技术在体育领域的应用越来越广泛。随着科技的不断发展，大数据的采集越来越精准，AI技术也逐渐走向成熟，“AI+体育”的结合，也将为人类打造更多新的运动方式。

3.VR直播技术全方位提升观众的赛事现场观赛体验

VR直播是虚拟现实与直播结合的产物，即利用电脑模拟生成一个虚拟的三度空间，为使用者提供关于视觉、听觉、触觉等感官的模拟，让使用者产生身临其境的感觉，让他们看到三度空间内的事物。

VR直播的特点主要有三个：全景、3D和交互。VR直播采用360度全景的拍摄设备，能够捕捉到超清晰、多角度的画面，每帧画面都是360度全景，观众可以从任意角度感受到逼真的沉浸感。同时，这种技术还跳出了传统平面视频的视角框架，用户能够看到从来没有过的视觉盛宴。利用VR技术对体育赛事进行直播，用户可以真切感受到热闹的现场氛围。同时，还能突破空间座位的限制，拓宽收视群体。

VR直播技术能够全方位地提升观众的现场观赛体验，如何在新的赛事内容接口中找到品牌营销契合点，是个需要思考的话题。

趋势五 体育营销媒体平台分化加剧

随着互联网的高度发展，体育营销媒体平台的分化必然会逐渐加剧。比如，在所有的广告投放中，央视媒体是最重要的体育平台之一。同时，大型综合视频网站、大型门户体育频道、社交媒体平台等也是品牌争夺的高地。此外，新闻媒体、资讯分发平台也将成为体育营销的重要渠道。企业要根据自身情况，选择适合自己的媒体平台，实现最大的营销效果。这里，就给大家介绍几个媒体平台：

1. 电视媒体

主要有 CCTV-5、CCTV-1、广东体育、上海体育、北京体育等。

2. 视频网站

主要有爱奇艺、优酷、腾讯、乐视、搜狐等。

3. 体育门户网站

主要有中国体育直播、极速体育、PPTV、风云足球等。

4. 新闻资讯平台

主要有进入头条、一点资讯、网易、腾讯网、百度新闻等。

二、抓住客户，是体育营销的出路

中国体育营销在诸多方面存在短板，这是客观事实。

在大方向上，体育营销的思维没有与时俱进，依旧停留在拼资源、拼平台的层面，重复地做着品牌与资源的嫁接工作。这容易形成一种“资源驱动型”思维，只盯着体育赛事、体育明星等资源，忽视了消费者洞察、品牌定位认知、效果反馈追踪、用户运营等其他营销环节的重要性。

“资源至上”必然使品牌处于弱势地位，反而拉低了对资源价值的利用率，更何谈真正的好创意或化学反应。这一点，与国外相比尤为突出。比如，喜力（Heineken）赞助欧冠后，甚至不需要明星，每年拍摄素人演绎的连续剧式广告，不懂外语的中国人也看得懂，真正做到了像足球一般的无国界传播。

而国内，多半是“明星拿着产品念口播”的广告和“明星来了，明星又走了”式活动，或许能借助明星效应搏一搏眼球，但没有走心，没有互动，没有沉浸式体验，很难与消费者产生链接。

中国体育营销与汽车品牌营销很像，有一个通病——声势浩大，能饱眼福，却刺激不了消费冲动。

2018 年 2 月举办的平昌冬奥会，让中国体育营销赢来了辉煌，众企业纷纷出招。比如：伊利推出了“活力冬奥学院”项目，打造了一个冰雪 IP，为消费者提供了丰富的免费冰雪体验，其效果更接地气、更有感觉；阿里巴巴发布了“相信小的伟大”品牌形象

TVC，将对每个“小”个体的洞察与奥运正能量结合起来，形成了励志的创意，引得人们广泛刷屏，向世界展示了阿里的价值观和品牌温度，传播力度远超常规海报和广告。

同时，康师傅精心打造的“平昌面馆”，更是成为全球第一家在世界顶级赛事期间为全球奥运参与者提供免费餐食服务的企业。康师傅“平昌面馆”的重要意义在于：一方面，为远赴他乡的中方代表提供了后勤保障，为中国体育发展做出了实质性奉献；另一方面，当中国体育健儿在赛场上彰显中国体育实力时，康师傅则以面馆形式和开放自信的心态，持续对外输出中国美食文化，两者本质上都是中国软实力的代表。

世界稀缺的独特创意，与浓浓的民族自豪感合为一体，不仅让康师傅收获了国际范围的品牌美誉度，还成功完成了一次品牌升级。我国不少消费者认为：“康师傅不只是泡面领导者，更是享誉世界的中华面食代表”。投入不多，收获巨大，康师傅平昌面馆是真正意义上的“四两拨千斤”。

随着中国经济的发展，中产阶层的全面崛起带动消费升级大潮席卷全国各类消费市场。企业如何在这股大潮中跟上消费升级的步伐进行产品创新，同时发现市场新的需求空间。这两方面通常决定了传统巨头未来能否持续发展，更加强大。跑步运动和马拉松赛事就是中产崛起的一项主要标志，而其核心原因是随着物质资料的丰富，人们对健康的需求与自我证明的精神需求增强。

在大众体育营销领域，民族运动品牌安踏的实力也不遑多让。在南昌揭幕的安踏“2018要疯篮球联赛”便是一个例证。安踏自主打造的“要疯联赛”，是向全国大部分高校及所有大学生开放的，青春热血、燃力四射的校园赛事IP。从细节上，安踏把握住学生习惯在露天篮球场切磋球艺的现象，将校园赛事场地从“室内篮球馆”搬到了室外，为参赛选手量身定制了专属的“灯光户外球场”，效果更真实、更酷。同时，安踏“要疯联赛”基本不设门槛，每一位热爱篮球的大学生都有上场表现的机会，并且安踏正在扩充合作的高校数量，逐步运营成为更接地气的“全国大学生篮球赛事”。

这一打法，点燃了广大大学生群体的热情和激情。在这一过程中，安踏既能在短期内巩固加深品牌美誉度和口碑效应，长远来看更能培育品牌的大批忠实粉丝。

自运营赛事IP的另一大特点是摆脱了第三方的“干扰限制”，品牌能够与用户进行面对面的连接，效果更直观、更真实、更高效，能够真正激活校园市场。值得一提的是，在各大品牌竞相开展体育营销时，专业化的体育营销企业、机构发挥了巨大的作用。

从本质上来说，体育营销就是体育产业聚集了庞大的流量，细分出来的一大垂直板块，同样也要遵循“以用户为中心、以客户生意为目的”的宗旨。然而，很多开展体育营销的企业、机构过去扮演的都是“中介商、供应商”等角色，急需完成自我的定位升级——整合或深度服务。

除了完善自身，体育营销企业更应该看到并把握行业未来的两大机会点。

第一，在中国体育营销发展了几十年，快消品、汽车等领域品牌的参与热情比体育品牌还高，如健力宝在1984年洛杉矶奥运会上一炮走红，就是中国最早参与体育营销的成功案例。如今，康师傅、伊利等也是体育营销最活跃的品牌，虽然涉及领域不同，但都具有相同点：体育产业背后的流量与各类品牌的目标用户有着极高的重合度，体育营销展现出的效能已经受到各品牌的广泛重视。可以预见，越来越多的企业都会涉足体育营销，甚至还会逐步增加对体育营销的投入与布局。

第二，随着健身、自行车、跑步等大众体育的蓬勃发展，必然会催生出数量庞大的中小企业和品牌。进而体育营销的价值，必然能得到最大体现。

综合来说，体育营销的“客户体量”正在不断扩充，谁能把握先机，谁就能率先成为体育营销的领军者。

三、巨头纷纷紧盯体育内容（IP）

1. 巨头为何都盯着体育营销

从体育版权内容来看，它具有与生俱来的优质知识产权的特征。

（1）生命周期长而稳定

体育赛事就像文学、电影、卡通、明星或游戏，甚至比它们更好。比如，汉代业已存在的蹴鞠，生命的长短取决于用户的喜好而不是专利的到期。人们观看电视剧几个月，最多几年。体育是一生，甚至几个世纪。

（2）安全系数高，元件可更换

比如，在NBA，即使乔丹和科比退役，也会有新的超级球员、球迷将继续热爱NBA。足球同样如此，贝克汉姆、罗纳尔多、C罗纳尔多等的去留对足球的影响有限，总有新人可以替代。

（3）区分度非常强

良好的IP始终具有难以模仿的独特识别和生产能力。乔丹、姚明作为一项体育知识产权，可以得到有效的维持，依靠的是其他模仿者无法比拟的篮球技巧、独特的体育精神和民族意义。此外，大多数体育及其知识产权已经具有代表一个国家的气质和精神的文化属性。

（4）有网络聚合效果，高用户参与度

从本质上来说，IP 利用的就是粉丝效应。一旦粉丝对某一品牌产生了认可和好感，就会形成良好的口碑效应。口碑辐射是网络融合效应的直接体现，可以转化为巨大的商业价值。比如，足球运动是“世界第一运动”，在全球体育界有着最大的影响力。球迷的力量异常巨大，即使是不踢足球的人，也能感受到贝克汉姆的人格魅力和吸引力。

（5）极强的可复制性

体育赛事 IP 可以依靠系统模式运作来不断稳定内部创新，保持和提高知识产权的价值。美国有 NBA，中国有 CBA；海外有英超、西甲、德甲、意甲，中国也有超级联赛。

此外，体育赛事 IP 还具有强烈的观赏性和强大的娱乐功能。比如，强大的战斗力、强烈的对抗性、观众欣赏赛事的低门槛。观众可以在不了解太多规则的情况下理解和参与，足球更甚，即使在电视上看，比赛的每个细节都能引起观众的激情。

2. 高手过招，如何入手

体育内容是高手中的高手，巨人队中的巨人正在战斗，那如何战斗可从下面这些点入手。

（1）IP（版权）是核心障碍

如今，众多巨人已经沉浸在这里，正盯着头部 IP。比如，从篮球领域的 NBA 开始，腾讯体育已进入各个领域，只与该领域的顶级赛事合作。网球赛事也直接奔向大满贯。

苏宁不仅将体育独特地纳入六大工业集团之一，还在足球轨道上一直坚持下来，其 PPTV 不仅聚集了六大联赛（英超联赛、西甲联赛、德甲联赛、意甲联赛 A、法国欧洲五大联赛和超级联赛），还集合了亚冠、俄超、荷甲、欧冠、欧联杯等热门足球赛事。再加上 UFC、WWE、乒乓球、羽毛球、斯诺克、网球等综合性赛事，PPTV 已经囊括了国内外 90% 的体育资源，成为中国最大的互联网电视体育赛事平台。

一味地追逐高端体育产权，必然要花费极高的成本，但目前它却是一种具有成本效益的交易。

首先，头部 IP 一般都拥有众多粉丝。比如：过去 PPTV 已经播出 2500 多个体育赛事；在欧洲大奖赛前的五个月，PPTV 播出了 500 多场比赛；在第 12 届中国预赛期间，PPTV 联合小米、康佳、海信、酷开、当贝市场等对中乌和中卡大战进行全程直播。

其次，容易形成群体效应。一旦得到头等 IP，就很容易地争取到同领域的本土赛事、二级赛事和小众赛事了。

（2）渠道和场馆成了拦路虎

获得独家高品质IP后，巨头企业不能一直停留在内容分发层，要充分利用自己的沟通渠道或线下场地进行多方扩展。

比如，购买到活动版权后，腾讯体育举办了“超级企鹅篮球”大赛，在平台上指导第三方内容制作人现场制作，实现了体育超级IP价值的最大化，扩大了内容的价值。

再如，阿里体育成立了一个100亿美元的体育场基金也是一种尝试。在我国，大量的体育场馆在服务、管理、资产开发、内容建设方面都不饱和，使用效率低，通过场地相关业务改变赛事IP收入结构，就能振兴库存设施，开发增量设施，使用大数据和成员运作IP。

PPTV最显著的特点是整合资源和渠道优势，利用大屏幕进行体育内容的运作。为了扩大了渠道影响力，PPTV借助高质量的活动已经实现了OTT、PC、移动和离线商店的传输环路。同时，还在康佳、飞利浦和小米品牌电视的体育频道上推出了体育内容，并一起推出了品牌联合定制机。

（3）开放共享是最大利器

拥有IP的优势，也就相当于拿到了一张好牌。目前，腾讯体育正在实施全方位的战略合作，尽可能成为独家官方数字媒体合作伙伴、世界顶级合作伙伴、独家战略合作伙伴，然后加强IP运营、社交沟通、移动支付合作伙伴与周边电子商务的相关合作。

苏宁更激进，直接提出了开放式共享。一方面，与小米、飞利浦、康佳、先锋等品牌合作推出了PPTV品牌联合定制机，在硬件基础上共享所有活动资源；另一方面，与长虹、康佳、小米、阿里巴巴、海信、夏普、创维、飞利浦等品牌合作打造体育频道，让体育赛事资源覆盖上述品牌的全线。

目前，PPTV智能电视与小米共同推出小米电视4K PPTV定制版，与康佳合作推出“天河系列”，并与飞利浦合作推出“集合系列”定制机，并成功在小米、康佳和飞利浦推出体育内容。接下来，PPTV智能电视还将会推进与海信、长虹、创维、夏普等品牌电视的深度合作。

在体育领域，苏宁还完成了从硬件到软件，再到平台、渠道和服务的扩展，创造了一个开放的生态闭环。

附录 1：2022 年北京冬奥会和冬季运动体育营销机会

一、简介

2022 年北京—张家口冬季奥运会第 24 届冬季奥林匹克运动会简称北京张家口冬奥会，将在 2022 年 2 月 4—20 日在我国北京市和张家口市联合举行。

这是我国历史上第一次举办冬季奥运会，北京、张家口同为主办城市，也是我国继北京奥运会、南京青奥会后，第三次举办的奥运赛事。

北京张家口奥运会设 7 个大项，102 个小项。北京将承办所有冰上项目，延庆和张家口将承办所有的雪上项目。

二、比赛项目

冰上项目 8 个（北京主办）：滑雪，冰壶，短道速滑，速度滑冰，花样滑冰，冰球，冰壶，雪车。

雪上项目8个（张家口主办、延庆协办）：俯式冰橇，自由式滑雪，单板滑雪，冬季两项，北欧两项（越野滑雪、跳台滑雪），无舵雪橇，有舵雪橇，高山滑雪。

三、场地交通

2022年北京冬奥会前将开通北京地铁22号线、北京地铁23号线、北京地铁24号线、北京地铁25号线、北京地铁26号线、北京地铁27号线、北京地铁28号线、北京地铁29号线、北京地铁41号线等9条线路，2018年1—4月开工，2021年12月31日9条线路全部运营。

四、比赛场馆

总体构想是，沿“北京（市区）–延庆–张家口”一线，分三个区域布局竞赛场馆和非竞赛场馆，建设三个集聚的场馆群。

北京市的奥林匹克中心区、首都体育馆和五棵松体育中心是冬奥会五个冰上项目的举办场地，开闭幕式则在国家体育场举行。

位于北京市西北部、距离市区约90公里的延庆县，该县的小海坨山区域将依托现有山体地形修建临时场地设施，用作雪车、雪橇大项和滑雪大项中的高山滑雪比赛场地。

位于河北省张家口市、紧邻北京市区的崇礼县四台嘴乡太子城区域，进行整改扩建，除了前述项目以外，所有雪上比赛都将在这里举办。

这次冬奥会一共需要12个冰上项目场馆，有11个是现成的，需要在北京奥林匹克森林公园网球中心南侧新建一个场馆——国家速滑馆。

2022年冬奥会计划使用25个场馆，包括12个竞赛场馆、3个训练场馆、3个奥运村、3个颁奖广场、3个媒体中心、1个开闭幕场馆。

根据规划，北京赛区将承办冬奥会所有冰上项目的比赛，共使用12个竞赛和非竞赛场馆，11个为2008年奥运旧址，其中9个是可以直接使用。

1. 北京场馆群

北京国家体育场——开幕和闭幕仪式

首都体育馆——花样滑冰、短道速滑

五棵松体育中心——冰球场地

国家体育馆——第二冰球场地

国家游泳中心——冰壶

国家速滑馆——速度滑冰

2. 延庆场馆群

小海陀高山滑雪场——高山滑雪

小海陀有舵雪橇和无舵雪橇赛道——有舵雪橇、无舵雪橇和俯式冰橇

3. 张家口场馆群

枯杨树冬季两项运动场——越野滑雪、北欧两项

枯杨树跳台滑雪场——跳台滑雪、北欧两项

桦林东滑雪场——冬季两项

云顶滑雪场——单板滑雪（半管赛）、自由式滑雪

太舞滑雪场——单板滑雪（越野赛）、自由式滑雪

万龙滑雪场——单板滑雪（平行大曲道）

五、转播机构

中国：CCTV（综合频道、财经频道、体育频道、军事·农业频道、新闻频道、体育赛事频道、CCTV–4（以新闻报道方式进行转播）、3D 试验频道、4K 试验频道（现无此电视台或此电视台还未开播）、BTV（北京卫视、北京体育、北京新闻）、河北电视台、张家口电视台

中国台湾：TTV、CTV

中国香港：TVB（翡翠台、高清翡翠台）

美国：NBC

日本：朝日电视台、朝日新闻、东京电视台、日本新闻、中日新闻、共同社、NHK、J SPORTS（付费体育频道）

韩国：SBS、MBC、KBS

英国：BBC

卡塔尔：半岛电视台

加拿大：CBC

法国：法国电视

德国：德国电视

意大利：RAI

俄罗斯：俄罗斯电视台

澳大利亚：澳洲7频道

中国网络电视台：搜狐视频、河北网络电视台、北京冬奥会官网、CNTV、CGTN

备注：

中央电视台的综合频道每天只保留《朝闻天下》《新闻30分》及《新闻联播》，其他时间与体育频道及体育赛事频道一同作为赛事直播频道。《财经频道》及《军事·农业频道》作为赛事重播频道;《综艺频道》只转播倒计时100天晚会及开、闭幕式的盛况;《中文国际频道》因版权原因与其他5个国际频道只用简单的新闻作为报道;《3D试验频道》及《4K试验频道》也会对冬奥会做报道。

六、已有的赞助商

奥林匹克全球合作伙伴：可口可乐、阿里巴巴、ATOS、普利司通轮胎、DOW、GE、英特尔、欧米茄、松下、宝洁、三星、丰田、VISA。

北京2022年冬奥会官方合作伙伴：中国银行、中国国际航空公司、伊利、安踏、中国联通、首钢集团。

七、营销机会

北京冬奥会赛期，正好赶上中国传统节日——春节，将为赞助企业提供独特的奥林匹克营销机会和展示平台。

北京冬奥组会委重视对奥林匹克标志和知识产权的保护和宣传，会配合政府相关部门，坚决查处涉及奥林匹克标志相关的侵权事件，有效防范和制止隐性营销行为，维护赞助企业权益。

国际奥委会管理着奥林匹克全球合作伙伴赞助计划（又称TOP计划）、电视转播合作伙伴计划、国际奥委会官方供应商和特许计划。

北京2022年冬奥会和冬残奥会市场开发计划由三部分组成：赞助计划、特许经营计划和票务计划。

1. 赞助计划

赞助计划是指北京冬奥组委授权企业使用北京2022年冬奥会和冬残奥会、中国奥委会和奥运会中国体育代表团、中国残奥委会和中国残奥体育代表团的标志及相关知识产权进行市场营销及享有接待服务相关权益，并从企业中获得资金、物资、技术和服务保障的市场开发行为。

（1）赞助层级

北京冬奥组委将赞助企业设定为四个层级，分别是：

第一层级：官方合作伙伴（Official Partner）

第二层级：官方赞助商（Official Sponsor）

第三层级：官方独家供应商（Official Exclusive Supplier）

第四层级：官方供应商（Official Supplier）

每个层级设定了赞助基准价位。在同一层级中，不同类别的基准价位会有所差异，以体现不同行业之间的差别。具体价位将在征集过程中向潜在赞助企业做出说明。

（2）主要类别

官方合作伙伴：银行、运动服装、乳制品、财产保险、航空客运、人寿保险、固定通信运营服务、移动通信运营服务、网络设备、电力、房地产、运动服装、航空客运、石油化工、乳制品、互联网相关服务、办公综合服务等。

官方赞助商：有关啤酒、物流快递、基金和证券业、接待服务/旅行社、毛纺织品、农副产品、新能源产品、有色金属、文化活动服务等企业。

官方独家供应商和官方供应商：根据北京2022年冬奥会和冬残奥会相关需求确定。

上述产品和服务之外的类别，如符合北京2022年冬奥会和冬残奥会筹办工作需要和奥林匹克市场开发规则，都有可能成为北京2022年冬奥会和冬残奥会的赞助类别。（行业类别最终以北京冬奥组委会发出的行业征集公告为准。）

（3）权益回报

北京2022年冬奥会和冬残奥会的赞助权将进行整合销售，北京冬奥会各层级赞助企业将成为北京冬残奥会相应层级的赞助企业，并获得相应的赞助权益回报。

北京冬奥组委给予赞助企业相应权益回报。主要包括：

市场营销权：北京冬奥组委、中国奥委会和中国残奥委会相关授权称谓。在中国奥委会辖区内按规定使用授权称谓及北京2022年冬奥会和冬残奥会、中国奥委会和奥运会中国体育代表团、中国残奥委会和中国残奥体育代表团相关标志和知识产权开展市场营销活动的权利。在规定产品、服务类别奥运营销的排他或共同排他的权利。赞助企业识别、鸣谢的权利。官方合作伙伴还将获得在北京2022年冬奥会和冬残奥会指定区域进行现场展示和参与合作伙伴俱乐部的权利。

接待权：赞助企业获得相应层级接待权益，包括北京2022年冬奥会和冬残奥会期间住宿、交通、证件、门票、奥林匹克接待中心等。

产品、服务提供权：在符合北京冬奥组委相关要求的前提下，获得向北京冬奥组委提供产品或服务的排他性权利。

优先谈判权：官方合作伙伴享有北京冬奥组委组织的火炬传递等主题文化活动赞助权，各赞助企业按层级享有北京2022年冬奥会和冬残奥会赛时期间控制区域户外广告的优先谈判权。以上权益回报最终以签署的赞助协议为准。

（4）营销期

赞助北京2022年冬奥会和冬残奥会的营销期横跨两个奥运周期（2017—2024年），涵盖平昌2018、东京2020、北京2022、巴黎

2024 年奥运会和残奥会等国际奥委会、国际残奥委会管辖下的多项重大国际赛事，蕴含着巨大的市场营销价值。

八、征集方式

公开征集：北京冬奥组委面向社会发布征集公告，所有符合条件且有赞助意愿的企业都能参加征集活动。

定向征集：某些赞助类别只有少数几家企业具备赞助条件，北京冬奥组委向特定企业发出邀请参加征集活动。

个案征集：某些赞助类别只有 1 家企业有赞助意愿，北京冬奥组委可与企业直接进行谈判。

九、时间安排

官方合作伙伴将获得最长的市场营销期。

1. 选择标准

企业资质：企业应是具有雄厚实力的行业领先企业，企业运行及财务状况良好。

赞助报价：企业须满足相应层级的赞助基准价位要求，有能力按期支付赞助费用。

产品和服务保障能力：企业的产品、技术和服务能力处于行业领先水平，能为北京2022年冬奥会和冬残奥会提供所需要的充足可靠的产品、技术和服务。

品牌影响力：企业须具有良好的社会形象和企业信誉，企业的品牌形象与奥林匹克、北京2022年冬奥会和冬残奥会理念相契合，产品符合低碳、环保、可持续发展等标准。

营销推广能力：企业能够深入理解奥林匹克运动精神，有能力在奥运市场营销方面投入足够的资金，在扩大企业营销宣传的同时，积极宣传推广北京2022年冬奥会和冬残奥会。

2. 特许经营权

特许经营是北京冬奥组委特许企业生产和销售带有北京2022年冬奥会和冬残奥会会徽、吉祥物、中国奥委会商用徽记、中国残奥委会徽记及相关知识产权的产品的市场开发行为。特许企业从生产和销售特许商品中获得收益，通过缴纳特许使用费为筹办北京2022年冬奥会和冬残奥会、宣传推广奥林匹克运动做出贡献。特许企业不享有与北京2022年冬奥会和冬残奥会相关联的市场营销权。

北京2022年冬奥会和冬残奥会特许经营计划包括特许商品计划、纪念币钞/钞币计划和纪念邮票计划。

3. 特许商品计划

（1）运营模式

特许生产许可将按产品类别进行：采取排他和联合排他的方式，控制同一产品类别的特许生产商数量。

特许零售许可将按区域或渠道范围进行：充分利用特许零售商销售渠道资源和赞助企业服务网点开展实体销售网络网点布局，利用互联网渠道开展特许商品网上销售。

特许企业应按照特许经营协议要求缴纳保证金、特许使用费及北京冬奥组委要求缴纳的其他费用。

（2）主要类别

胸章和纪念章、服装服饰及配饰、文具、玩具、工艺品、宝玉石、珠宝首饰、各类饰品、（家居饰品、手机配饰、汽车配饰等）、体育用品及其他商品。（产品类别最终以北京冬奥组委发出的公告为准）

（3）征集方式

北京冬奥组委将主要采取公开征集方式征集特许企业。将通过发布征集公告、企业资质评审、开展实地考察等方式征集特许企业。

（4）选择标准

企业的资金实力、质量管理、设计能力、生产能力、环保标准、防伪措施、市场规模、销售渠道、售后服务、劳动保护等。

（5）时间安排

纪念币钞 / 钞币和纪念邮票计划：北京冬奥组委将与国家金融管理部门和国家邮政部门密切合作，制定实施专门的北京 2022 年冬奥会和冬残奥会纪念钞币 / 币钞计划和纪念邮票计划。

4. 票务计划

北京冬奥组委将制定和实施北京 2022 年冬奥会和冬残奥会票务计划。通过科学的门票销售和宣传推广计划、青少年教育计划、家庭观赛计划等，激发社会公众的观赛热情，将为公众和各客户群观赛提供优质服务，丰富和提升观赛体验。

十、权益保护

北京冬奥组委将与政府相关部门密切合作，加强奥林匹克知识产权和相关权益保护，为赞助企业提供充分有效的权益保护。

我国奥林匹克知识产权法律体系较为完善。2002 年 4 月施行的《奥林匹克标志保护条例》依然有效,《商标法》《著作权法》《特殊标志管理条例》等法律法规为北京 2022 年冬奥会和冬残奥会权益保护提供了有效的法律支撑。同时，有关部门正在推动《奥林匹克标志保护条例》的修订工作，将进一步扩大对奥林匹克标志的保护范围，增强对北京 2022 年冬奥会和冬残奥会相关知识产权的保护力度。

北京冬奥组委将与政府职能部门密切合作，切实推进户外广告控制、开展清洁场馆行动、防范和制止隐性营销、查处奥林匹克标志侵权行为等相关工作的落实。

北京冬奥组委将做好侵权预防工作，通过制作并发布一系列权益保护操作指南，开展培训和加强宣传教育工作，提高公众对奥林匹克标志及赞助企业权益保护的认知性和自觉性。

十一、联系方式

公共邮箱：marketing@beijing2022.cn

官网网址：www.beijing2022.cn

办公地址：北京市石景山区石景山路 68 号

邮政编码：102022

附录 2：第二届阳明文化旅游节

设计理念：

阳明山，古称观音山，是一座以原始森林资源为主题的旅游风景区，有着“江南绿色宝库”和“天然氧吧”之称。奖牌以花的形状做出，以此来体现崇义的美，中间为赛事标志，充分体现出阳明山的山水之美。背面为阳岭之巅，倚山耸立，雄伟壮观，是阳明山的最高峰。走出去，呼吸一下新鲜空气，就能感受到大自然的美好。

邀请函：

为了提升中华体育精神和体育文化感召力、吸引力和影响力，深化体育对外交流与合作，加快推动体育强国建设，为“一带一路”沿线国家共商、共建、共享提供人文战略支持，促进人类命运共同体建设。2018 年 12 月 1— 23 日，由崇义县人民政府、国家体育总局人力资源开发中心主办，崇义县旅发委、崇义县文广新局、崇义县体育局等承办的 2018 年第二届中国、崇义阳明文化旅游节暨阳明山万人徒步大会和优秀运动员全民健身志愿服务活动在崇义县召开。邀请国声智库作为支持单位，共同推进体育强国建设，助推“体育 + 文旅”高质量发展。

SA
体育经纪人等级培训
SPORT AGENT TRAINING
Sport Agent (LEVEL Ⅲ)
Grade Training and Competence
Assessment Certificate
体育经纪人（三级）
等级培训与能力测评证书
国家体育总局人力资源开发中心
Human Resource Development Center General
Administration of Sport of China
陈伟
ChenWei
在2017年7月参加体育经纪人（三级）等级培训与能力测评，经过考核，成绩合格，特发此证。
This is to certify that the certificate holder has participated in the sport agent (LEVEL Ⅲ) grade training and competence assessment in July 2017, Award achieved: Pass.
身份证号 (ID Number)：421127198309120934
Human Resource Development Center General
Administration of Sport of China
August 20, 2017
证书编号（Certificate No.）：SA20170711300070

实况记录：

2018 年 12 月 22 日晚，“崇义县体育旅游精品线路暨旅游文化项目招商推介会”与“阳明文化旅游节文艺晚会”在县良知楼举行。2018 年 12 月 23 日上午，“中国·崇义第二届阳明文化旅游节暨阳明山万人徒步大会和优秀运动员全民健身志愿服务活动”在阳明广场盛大开幕。全国各地运动爱好者与优秀国家运动员齐聚崇义，感受崇义的阳明文化、体育精神与秀丽风景。

1. 上堡梯田客家风情体验线路

上堡客家梯田在南宋时代就已存在，盛建于明末，完工于清初，距今已有八百多年的历史，总面积达 20 平方公里，是全球重要农业文化遗产，被上海大世界吉尼斯总部评为“最大的客家梯田”。上堡客家梯田健身步道贯穿整个梯田景区，全程将山、水、田、林、革命旧址相串联，可供游客体验客家梯田露营、登山步道健身、自行车骑行等项目，不仅能够欣赏到自然风光，而且能够感受到历代相传的上堡客家农耕文化、艰苦奋斗的革命精神，是您和家人朋友健身休闲的理想场所。

2.“重走长征路”国家健身步道

崇义具有光荣的革命斗争历史。土地革命时期，崇义苏区是中央苏区的重要组成部分，崇义县共有 2000 余人参加红军，2.6 万余人支前参战，为中华民族的独立、解放做出了重大牺牲和重要贡献!

“重走长征路”活动，可以游览重点红色遗址、重温红色故事。沿着革命先烈的足迹，重温革命岁月。先烈们可歌可泣的英雄事迹浩气长存，彪炳史册！他们忠贞不渝的理想信念，舍生忘死的革命精神，千古流芳，永垂不朽！“重走长征路”一定可以让您身体得到锻炼，精神得到洗礼。

3. 齐云山户外探险之旅

齐云山位于崇义县思顺乡，总面积 15 平方公里，海拔 1500 米以上的山峰十六座，其中主峰海拔 2061.3 米，是赣南第一高峰，是登山、徒步运动爱好者的胜地。沿途可以在龙潭瀑布前欣赏大自然的鬼斧神工；可以在王阳明平茶寮碑前细细品读阳明学者心中的圣碑；可以在肃穆的王尔琢烈士墓前，感叹烈士的英勇；可以站在高山之巅，感受“会当凌绝顶，一览众山小”的凌云壮志；露宿山顶，可以感受璀璨夺目的银河星空，追寻天空中最亮的那颗星；可以在齐云山顶看夕阳和日出，更是有着刻骨铭心的美。齐云山徒步，就能开启一场心灵之旅、冒险之旅、探索之旅。